Abt Muho
Ein Regentropfen kehrt ins Meer zurück

PIPER

Zu diesem Buch

Viele Menschen fürchten sich vor dem Sterben, vor Krankheit, Alter und Tod. Der in Japan praktizierende Zen-Meister Muho kann diese Ängste gut nachvollziehen: Der frühe Tod seiner Mutter, den er als siebenjähriges Kind erlebte, hat ihn zutiefst geprägt. In Deutschland geboren und aufgewachsen, führte ihn dieses einschneidende Erlebnis Jahre später zum Zen und schließlich nach Japan. Inzwischen leitet er das tief in den japanischen Bergen gelegene Zen-Kloster Antaiji. Kaum jemand versteht es daher besser, die westliche und die östliche Sicht auf die zentralen Aspekte unseres Lebens zu verbinden: Während sich die meisten Menschen im Westen um ihre Zukunft sorgen und festzuhalten versuchen, was sie an Beziehungen, Erinnerungen und Werten besitzen, konzentriert man sich im Zen ganz auf den gegenwärtigen Moment. Die Kunst des Loslassens beginnt demnach nicht erst am Ende des Lebens, sondern jetzt – wenn wir uns auf diesen Augenblick einlassen.

Muho wurde 1968 als Olaf Nölke in Berlin geboren. Er studierte Philosophie, Japanologie und Physik an der Freien Universität Berlin. Während seines Studiums ging er für ein Jahr nach Japan, sechs Monate davon verbrachte er in dem buddhistischen Kloster Antaiji. Später wurde er dort als Mönch ordiniert und 2001 von seinem Lehrer als eigenständiger Zen-Meister anerkannt. Nach seiner Ernennung lebte Muho zunächst als Obdachloser im Schlosspark von Osaka und leitete dort eine Zen-Gruppe. Nach dem Tod seines Meisters wurde er zu dessen Nachfolger nach Antaiji berufen. Seitdem lebt er mit seiner Frau und seinen drei Kindern in Antaiji.

Abt Muho

Ein Regentropfen kehrt ins Meer zurück

Warum wir uns vor dem Tod nicht fürchten müssen

PIPER

Mehr über unsere Autoren und Bücher:
www.piper.de

Die Blüten die du liebst, welken dahin,
und das Unkraut sprießt zu deinem Ärger –
und das ist alles.
Dogen

MIX
Papier aus verantwor-
tungsvollen Quellen
FSC **FSC® C083411**
www.fsc.org

Ungekürzte Taschenbuchausgabe
ISBN 978-3-492-31205-9
Juni 2018
© Abt Muho 2016
Berlin Verlag in der Piper Verlag GmbH, München 2016
Umschlaggestaltung: zero-media.net, München
Umschlagabbildung: Abt Muho
Satz: Sascha Anderson, Heldenbergen
Gesetzt aus der Corporate
Druck und Bindung: CPI books GmbH, Leck
Printed in the EU

Die Blüten, die du liebst, welken dahin,

und das Unkraut sprießt zu deinem Ärger –

und das ist alles.

Dogen

Inhalt

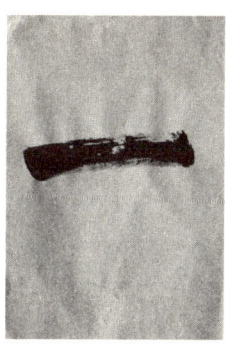

Ein neuer Blick
auf einen alten Berg

Seltsam, dass sich keiner mit seinem eigenen Leben beschäftigt.
Das Einzige, was die Leute verstehen in dieser Welt, ist das, was sie
»nützlich« nennen. Und wohin hat uns das gebracht? Nirgendwohin.

Sawaki Kodo

Das Leben hat mich auf einen besonderen Weg geschickt. Obwohl
ich in Deutschland geboren und aufgewachsen bin, kam ich früh
schon mit der Kultur des Zen in Berührung. Heute leite ich das
tief in den japanischen Bergen gelegene Zen-Kloster Antaiji. Vielleicht können meine Erfahrungen, die ich bei der buddhistischen
Übung gesammelt habe, auch für die Menschen im Westen hilf-
reich sein. Vielleicht können auch sie von der Weisheit des Zen
etwas lernen für den eigenen, ebenso besonderen Lebensweg,
den am Ende jeder für sich allein gehen muss.
Als Zen-Meister wird mir immer wieder die Frage gestellt: Wie
soll man sein Leben führen? Das Wort »Lebensführung« ist im

Deutschen sehr populär. Aber kann man das Leben wirklich *führen*, so wie einen Hund an der Leine? Im Leben können wir nicht immer die Zügel in der Hand behalten. Spätestens wenn es ans Sterben geht, liegt nichts mehr in unserer Macht. Aber auch davor gibt es immer wieder Situationen, in denen wir zwar die Hauptrolle spielen, doch nach einem Drehbuch agieren, das wir nicht kennen, und auch die Regie müssen wir jemand anderem überlassen. Dann führen nicht wir das Leben, sondern das Leben führt uns. Es schickt uns auf einen Weg, von dem wir nicht sagen können, wohin er verlaufen wird. Wir sollten lernen, uns dem Leben ganz zu überlassen. Dazu gehört auch, dass wir den Fragen, die es uns aufgibt, nicht ausweichen.

Jeder lebt das Leben auf seine eigene Weise, und ich glaube auch, dass niemand das Recht hat, die Lebensweise eines anderen als verfehlt zu bezeichnen. Es geht nicht ums Vergleichen, um richtig oder falsch. Es geht darum, sich eine einzige Frage zu stellen: Bin ich wirklich einverstanden mit dem Leben, wie ich es heute lebe? Manch einer, der die Gegenwart mit den Träumen seiner Jugend vergleicht, wird vielleicht enttäuscht sein, weil er sich alles ganz anders ausgemalt hat. Bunter. Aufregender. Wird er morgen seinen Träumen näher kommen? Wohl kaum. Es sei denn, er beginnt bereits heute damit, sich ganz auf sein Leben und auch auf sein Sterben einzulassen. Dann wird er aufbrechen zu einem Leben, das genauso jenseits aller Vergleiche liegt wie der Tod.

Niemand wird uns am Ende fragen, ob wir sterben wollen. Daher müssen wir uns schon im Leben auf den Tod vorbereiten. Nur wer seinen Frieden mit dem Leben geschlossen hat, wird ihn auch im Sterben finden. Angst vor dem Tod hat vielleicht ohnehin nur der, der das Leben noch nicht ganz in seine Arme geschlossen hat.

Seit 2002 stehe ich dem Kloster Antaiji als Abt vor. Wenn man mich hier besuchen will, nimmt man zunächst den Zug und fährt aus einer der Großstädte bis ans japanische Meer. An der Küste gibt es einen kleinen Bahnhof, von dort geht es weiter mit dem Bus, zwanzig Kilometer ins Landesinnere, bis man schließlich an einer einsamen Haltestelle abgesetzt wird. Doch erst nach einer weiteren Stunde Fußmarsch ist man am Ziel, und auch das nur, wenn man zwischendurch nicht in die falsche Richtung abbiegt oder auf einen der im Wald hausenden Kragenbären trifft.

Zwar besteht die Möglichkeit, die ganze Strecke mit dem Auto zurückzulegen, allerdings empfiehlt es sich, auch dabei aufzupassen. Immer wieder kommt es vor, dass ein Besucher, der sich im Kloster angekündigt hat, nach Anbruch der Dunkelheit noch nicht angekommen ist, weil er sich auf die Stimme seines Navigationsgeräts verlassen hat, die ihn freundlich, aber bestimmt in ein Tal weiter im Süden gelotst hat. Ein Ort, fern jeder Behausung. Aus der Asphaltstraße wird nach und nach ein Forstweg, und der endet schließlich an einem stillen Bach. Erfolgt dann der Griff zum Handy, ist es bereits zu spät. So tief wie das Tal ist auch das Funkloch, in das sich der Gast verirrt hat. Von alldem werden die Software-Spezialisten in Tokio vermutlich nie etwas erfahren. Keiner von ihnen wird jemals einen Fuß in diese Berge setzen, um sich vor Ort ein Bild fürs nötige Update des Navigationssystems zu machen.

Auch für das Leben gibt es meist keinen zuverlässigen Lotsen. Wer sich deshalb auf seine ganz eigene Reise machen will, braucht einen guten Orientierungssinn. Er muss wissen, in welche Richtung er gehen möchte. Doch selbst wenn er geglaubt hat, beim Aufbruch das Ziel ganz klar vor sich zu sehen, kann es passieren, dass er sich eines Tages mitten im Dschungel wiederfindet, ohne zu wissen, woher er gekommen ist und welcher Weg wieder aus der Irre führt. Womöglich war es sogar der innere Kompass, dem er bis dahin blind gefolgt ist, der ihn genarrt hat. Dann kann es sich lohnen, einmal einen Blick auf eine neue, andere Landkarte zu werfen.

Dieses Buch möchte so eine Karte des Lebens und des Sterbens sein. Doch was auf alle Karten zutrifft, gilt natürlich auch für diese: Sie zeigt nur ein Abbild, nicht die Landschaft des Lebens selbst, und oft sind die Orte auf ihr auch noch verzerrt dargestellt. Man muss den Maßstab der Karte kennen, man muss wissen, wo Norden ist und wo Süden, und man muss sich im Klaren darüber sein, dass eine Karte schnell veraltet. Dort, wo einmal eine Straße war, befindet sich heute vielleicht nichts als unwegsames Land. Wo es einmal eine Brücke gab, kann jetzt nur noch ein reißender Fluss sein. Keine Karte ist besser oder genauer als das Orientierungsvermögen dessen, der sie in die Hand nimmt. Und auch der beste Kartograph ist nur ein irrender Mensch.

Wie jeder vermag auch ich nur eine Karte meines eigenen Lebens zu zeichnen. Sie, der Leser, gehen durch eine ganz andere Landschaft. Nicht nur befinden wir uns in unterschiedlichen Abschnitten des Lebens, wir können uns nicht einmal sicher sein, ob es derselbe Berg ist, den wir besteigen wollen. Und selbst wenn – sieht der Berg nicht ganz fremd aus, wenn man ihn aus einer anderen Perspektive betrachtet?

Manchmal kann es eine gute Idee sein, eine Karte mit einer zweiten zu vergleichen. Was der eine Kartograph vergessen hat, findet sich vielleicht bei einem anderen. Aber wenn wir nicht achtgeben, werden wir das ganze Leben mit dem Studium von Karten zubringen. Wer seine Zeit dafür einsetzt, spirituelle Ratgeber zu lesen, ohne sich jemals einen Schritt aus dem Haus des eigenen Lebens zu trauen, wird sich immer nur vergeblich danach sehnen, bis zur Spitze des fernen Berges zu gelangen, von der er doch schon so lange träumt.

Deshalb möchte ich Sie warnen: Trauen Sie mir nicht zu sehr!

Sawaki Kodo, der von 1880 bis 1965 gelebt hat und einige Zeit so wie ich heute Abt im Kloster Antaiji gewesen ist, sagte einmal: »Zen ist die größte Lüge aller Zeiten!« Aus dem Mund eines Zen-Meisters klingt der Satz lustig, doch er war nicht als Scherz gemeint. Wenn man die Weisheit des Zen, wenn man die Wahrheit, das Leben und die Liebe in Worte zu fassen versucht, dann verschwindet die Wirklichkeit, und es bleiben nichts als Worte zurück. Bloße Abbilder des Wirklichen.

So ist es auch mit diesem Buch. Bestenfalls kann es eine Landkarte des Lebens sein, wie ich es heute vor mir sehe. Was Sie daraus machen, liegt an Ihnen. Und das gilt für jeden Ratgeber. Niemand außer dem Leben selbst kann Sie an die Hand nehmen, wenn es um Ihren eigenen Weg geht.

Die Hälfte des Lebens

Geburt, Krankheit, Alter, Tod –
verträdel sie nicht, deine kurze Zeit hier!

Sawaki Kodo

Jeder Mensch stirbt. Selbst ein Kind weiß das schon, doch so mancher scheint es auch im hohen Alter noch nicht akzeptieren zu können.

Wir machen uns Sorgen um das, was nach dem Tod kommen könnte, und vergessen dabei, das Leben zu leben, solange wir es haben. Gibt es ein Leben nach dem Tod? Wer kann das wissen? Aber wenn es so weit ist, werden wir es schon herausfinden. Früher oder später werden wir alle in den Besitz der Antwort kommen. Wir können also gespannt sein!

Die beste Nachricht für das Hier und Jetzt aber lautet: Es gibt ein Leben *vor* dem Tod.

Selbst wenn es, wie viele Buddhisten glauben, ein Leben nach dem Tod geben sollte, dann wäre ja auch das nur ein weiteres

Leben vor dem Tod. Und wenn es ein Leben nach dem Tod gibt, dann muss es auch einen Tod nach dem nächsten Leben geben. Wenn wir daher die Tage *dieses* Lebens damit verbringen, über ein Leben nach dem Tod zu phantasieren, von dem wir noch nicht einmal sicher sein können, ob wir es erleben werden, werden wir dann nicht auch das *nächste* Leben (falls es das tatsächlich geben sollte) vergeuden mit Tagträumereien über das *übernächste* Leben? Es ist so wie mit einem, der nie etwas zustande bringt, weil er sich ständig sagt: »Noch ist nicht aller Tage Abend. Wenn ich auch heute nicht mehr alles schaffe – morgen ist auch noch ein Tag. Und wenn es in diesem Leben nicht mehr passieren sollte, dann warte ich eben auf das nächste.«

Wir kennen es alle aus eigener Erfahrung: Wenn aus morgen heute wird, verschiebt man das ungelebte Leben einfach um einen weiteren Tag in die Zukunft. Und immer so weiter.

Doch der einzige Tag, den ich wirklich leben kann, ist der heutige. Da hilft mir auch kein nächstes oder übernächstes Leben. Das Leben, das ich heute nicht lebe, wird ewig ungelebt bleiben. Das Leben, das ich in diesem Augenblick lebe, ist das einzige Leben. Es gibt allein das Jetzt. Nur wenn ich diesen Tag so lebe, als wäre er mein letzter, werde ich auch den nächsten zu leben wissen.

Und doch, der Tod ist immer da. Ich sterbe, Sie sterben, jeder stirbt. Und das nicht irgendwann, sondern bereits jetzt, in diesem Moment.

Ob wir es wollen oder nicht, das Sterben hat bereits begonnen, und es existiert kein einziger Augenblick, der uns nicht mit dem Tod konfrontieren würde.

Wie wir über den Tod nachdenken, spiegelt oft die Einstellung wider, die wir gegenüber dem Leben einnehmen. Wie schön könnte doch alles sein, sagen manche, gäbe es nur das Altern nicht, die Krankheit, den Tod. Die Medien machen es uns leicht, ans ewige Leben zu glauben. Jeder Tag verspricht eine neue Erfahrung, jedes Erlebnis wird zum aufregenden Event, und wer sich richtig ernährt, wer joggt und natürlich nicht raucht oder trinkt, wird für immer jung bleiben.

Doch je mehr ein Mensch das Leben bejaht, desto mehr wird er sich vor dem Tod fürchten. Unsere Tage sind gezählt, auch wenn viele versuchen, das Unabwendbare so lange zu ignorieren wie nur möglich. »Ich habe keine Angst vor dem Sterben. Ich möchte nur nicht dabei sein, wenn's passiert.« Wahrscheinlich wird es nicht einmal Woody Allen gelingen, damit durchzukommen.

Im Alltag ist der Tod oft unsichtbar. Wir verbannen ihn auf die Intensivstationen der Krankenhäuser oder in die Zimmer der Pflegeheime, die wir an den Rand der Städte bauen. In den Nachrichten erreicht uns das Sterben im Sekundentakt: Hundert Tote in China, zwanzig in der Türkei, drei oder vier auf der Autobahn. Unfälle, Attentate, Naturkatastrophen. Die Toten füllen die täglichen Schlagzeilen, aber das betrifft uns nicht. Die anderen sterben, nicht wir. Damit können wir leben.

Anders verhält es sich, wenn ein uns naher Mensch stirbt. Sein Tod geht unter die Haut. Wir fühlen uns, als klaffte ein Loch in unserer Brust. Mit der geliebten Person stirbt auch ein Stück von uns. Wir werden nie mehr dieselben sein wie vorher. Wir beginnen, über unser eigenes Leben zu reflektieren, und auf einmal kommt es uns vor, als hätten wir das größte Stück des Weges bereits zurückgelegt. Der eigene Tod rückt in den Blick und wir werden uns unserer Sterblichkeit bewusst. Was immer so weit weg schien, ist auf einmal ganz nah gerückt.

»Bis sie vierzig sind, halten viele das Sterben für eine schlechte Angewohnheit alter Leute, die sie selbst nichts angeht«, schrieb der Psychiater Oswald Bumke zu Weihnachten 1943 in einem Brief an seinen Sohn, der im Krieg kämpfte. Während ich diese

Sätze schreibe, bin ich siebenundvierzig Jahre alt. Die Hälfte des Lebens? Letztlich bleiben die Jahre unbegreiflich in ihrem Vergehen. Als ich am Abend vor meinem zweiundzwanzigsten Geburtstag zurückblickte auf die vergangenen zwölf Monate, konnte ich kaum glauben, wie sehr sich die Welt verändert hatte. Im Herbst war die Berliner Mauer gefallen, die Wiedervereinigung stand vor der Tür. Und auch ich befand mich an einem Wendepunkt in meinem Leben, denn im Frühjahr würde ich zum Studium nach Kyoto fahren. Überall gab es so viel zu erleben, so viel zu lernen. Auf jede Enttäuschung folgte eine neue Liebe. Ganze Horizonte öffneten sich. Jedes Jahr war ein zusätzliches, ein geschenktes Jahr. Ein Jahr mehr. Nichts schien unmöglich. Was konnte man nicht in einem Jahr alles an Erfahrungen sammeln! Warum nicht einfach auf einem Schiff anheuern und um die Welt fahren?

Irgendwann ändert sich diese Perspektive. Spätestens dann, wenn man zum ersten Mal ans eigene Ende denkt. Dann ist ein Jahr nicht länger ein Jahr mehr, sondern ein Jahr weniger. Dann nimmt man das Schwinden der Möglichkeiten wahr. Was ich vor zehn Jahren noch konnte, kann ich nun nicht mehr. »Noch nie war ich so alt wie heute«, denkt man. Die Gedanken gehen zurück in die Vergangenheit, in die Jugend, die verloren scheint, oder eilen voraus in die Zukunft, in der man noch älter sein wird.

Es ist noch gar nicht so lange her, dass mir beim Lesen plötzlich die Buchstaben seltsam verschwommen erschienen. Stimmte da etwas mit dem Buchdruck nicht, oder war es zu dunkel im Zimmer? Es dauerte eine Weile, bis ich merkte, dass ich mir von nun an beim Lesen besser eine Brille aufsetzen sollte - etwas, was ich bis dahin tatsächlich nur für eine schlechte Angewohnheit alter Leute gehalten hatte.

Das war nur der Anfang. Hexenschuss, steife Schultern, Gelenkschmerzen und all die anderen Wehwehchen, über die ich Onkel und Tanten bei Familientreffen so oft hatte klagen hören, durfte ich nun am eigenen Leib erfahren. Als ich vor einigen Monaten mit Nierensteinen ins Krankenhaus eingeliefert wurde, glaubte ich für ein paar Stunden sogar, mein Ende sei gekommen. Zum Leidwesen meiner Frau war ich am nächsten Tag wieder ganz der Alte.

Doch es hört nicht auf. An die Telefonnummern alter Studienfreunde kann ich mich zwar problemlos erinnern, aber neue Namen behalte ich nur noch schwer. Wenn mich jemand auf der Straße grüßt, mit dem ich vor zwei Monaten ein angeregtes Gespräch geführt habe, weiß ich manchmal nicht, wer vor mir steht. Natürlich bringt auch ab vierzig noch jeder Tag neue Erfahrungen. Aber zumindest ein wenig gleicht das Gehirn dann einer Computer-Festplatte, die die Grenze ihrer Speicherfähigkeit erreicht hat. Für jede neue Information muss eine alte gelöscht werden, die Software läuft nicht mehr so schnell wie früher, und jeder Versuch eines Updates kann zum Absturz des Systems führen.

Dann fühlt man sich bisweilen, als sei man in der zweiten Halbzeit eines Fußballspiels angelangt. Das Spiel ist längst entschieden, es gibt nichts mehr zu gewinnen. Die erste und bessere Hälfte des Lebens ist vorüber. Jeder weitere Tag bringt einen dem Schlusspfiff näher. Eine beängstigende Vorstellung. Noch beunruhigender wird sie, wenn man auf einmal feststellt, dass ein Jahr nicht mehr so lang zu sein scheint wie früher. Natürlich hat es immer noch seine 365 Tage. Aber seltsamerweise fühlt es sich sehr viel kürzer an.

Jeder kennt das Phänomen, dass sich der Weg ans Ziel einer Reise länger anfühlt als der Weg zurück. Nach einem Ausflug zum Berggipfel erinnern wir uns deutlicher an den Aufstieg als an die Rückkehr ins Tal. Ich glaube, das liegt daran, weil wir auf dem Hinweg mehr und anders wahrnehmen. Alles ist neu, und daher sind unsere Sinne geschärft. Wir wollen uns keine Einzelheit entgehen lassen.

Auf dem Weg zurück hinterlassen die Dinge einen schwächeren Eindruck, denn wir kennen sie bereits. Statt einer Premiere haben wir es nur noch mit einer Wiederholung zu tun, die nicht mehr unsere volle Aufmerksamkeit genießt.

Ganz ähnlich verhält es sich mit dem Älterwerden. Allmählich lernt man, seine Erfahrungen in Schubladen einzuordnen. Hübsch beschriftete Fächer, in denen jeder Eindruck seinen Platz findet. Wir bekommen Routine im Umgang mit der Welt, was uns im Alltag zwar entlastet, doch dem Leben auch seinen Zauber nimmt. Wenn sich die verschiedenen Schubladen langsam gefüllt haben, dann dauert es nicht mehr lange, bis wir ganze Tage abhaken, als seien sie nie passiert: »Heute nichts Besonderes«. Aufstehen, Zähne putzen, zur Arbeit gehen, und abends das Gleiche im Fernsehen wie immer ... Das sind die Tage »auf dem Rückweg« des Lebens. Man erlebt sie nicht mehr. Man verlebt sie bloß. Kein Wunder, wenn ein Jahr dann zu etwas Flüchtigem zusammenschrumpft, das kaum Erinnerungen hinterlässt.

Das Dahinschwinden der Zeit gibt uns das Gefühl, alt zu sein. Aber müssten wir nicht viel eher sagen: »Ich werde nie wieder so jung sein wie heute«? Und versuchen, noch einmal neugierig wie ein Kind zu sein?

Als Kind denkt man noch nicht an den Rückweg. Jeder einzelne Tag bringt etwas Neues. Die Welt ist immer anders, immer aufregend, und alles Bekannte noch unbekannt. Als Kind konnte ich stundenlang Ameisen bei ihrer Arbeit beobachten. Mein Staunen über das Ziehen der Wolken kannte kein Ende. Die Zeit lief langsam, manchmal unerträglich langsam. Wie weit schien Weihnachten noch entfernt, wenn erst ein paar Türchen des Adventskalenders geöffnet waren! Es half gar nichts, wenn mich die Mutter Mitte des Monats zu trösten versuchte: »Jetzt musst du

nur noch zehn Mal schlafen, dann kommt der Weihnachtsmann!«
Zehn Tage und zehn Nächte, das war eine Ewigkeit.

Und was hat sich nur die Tante beim Familientreffen gedacht? »Du bist so schnell gewachsen, das kann ich ja gar nicht glauben. Als ich dich zuletzt gesehen habe, warst du doch noch so klein!« Schnell? Es war doch ein ganzes, unendlich langes Jahr seit der letzten Begegnung vergangen!

Kinder wollen nicht warten. Eine Vertröstung auf den nächsten Tag ergibt für sie keinen Sinn. Sie kennen kein »Morgen«, nur ein »Heute«. Nur die Gegenwart zählt. Wie recht sie damit haben!

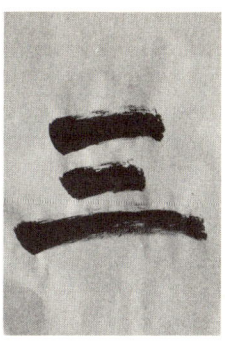

Ein Tag in den Sommerferien

Ich wurde am 1. März 1968 in Berlin geboren. Damals sagte man noch West-Berlin.

1968. Prager Frühling, Emanzipation, Rock 'n' Roll. Demonstrationen gegen den Vietnamkrieg und gegen den Muff von tausend Jahren. Träume von einer besseren Welt. Inmitten der Studentenunruhen schloss mein Vater die Universität ab, meine Mutter arbeitete bereits als Ärztin in einem Berliner Krankenhaus.

Noch im Herbst 1968 zogen wir zu meinen Großeltern nach Braunschweig. Meine Mutter kam aus einer Pastorenfamilie, und so wuchs ich bis zur Pensionierung meines Großvaters im Pfarrhaus auf, gleich hinter der alten, im Zweiten Weltkrieg zum Großteil zerstörten Kirche. Später sah ich Fotos, die meinen Großvater zeigten, wie er in den Ruinen der Kirche Gottesdienste unter freiem Himmel abhielt.

Er war kein gewöhnlicher Pastor. Er war nicht fromm, ehrfürchtig und konservativ. Im Gegenteil. Mein Großvater hatte sich im Lauf der Jahre bei den Kirchenoberen den Ruf eines unbequemen und, das kam noch erschwerend dazu, »roten« Geistlichen erworben. Nach dem Krieg, als fast jeder mit der Vergangenheit abschließen wollte, lud er ehemalige KZ-Häftlinge zu Vorträgen ein, und auch gegen den schnellen Wiederaufbau seiner Kirche wehrte er sich. Er wollte, dass das, was geschehen war, nicht vergessen wurde. Die Spuren der Zerstörung sollten sichtbar bleiben. Daher ist die erst 1964 in wesentlich veränderter Form wiederaufgebaute Kirche bis heute nicht nur Zweckbau, sondern auch Mahnmal. Einem der Türme fehlt die Zwiebel, die Fensterluken an der Südwand sind zugemauert, und die Nordseite wurde in Beton ausgeführt und mit Langfenstern versehen, auf denen in moderner Buntverglasung der Zug der Israeliten durch das Rote Meer zu erkennen ist.

Die Vertreter des Kirchenbauamtes zeigten sich alles andere als erfreut über diese Lösung. Aber wichtiger als die Konservierung historischer Bausubstanz war meinem Großvater, die Erinnerung an den Schrecken des Krieges wachzuhalten. Als Sozialdemokrat zog er in den Braunschweiger Stadtrat ein und engagierte sich Zeit seines Lebens in der Friedensbewegung. Besonderen Ärger bei seinen Vorgesetzten erregte jedoch der Jugendklub, der sich regelmäßig im Kirchturm traf. Dort wurde nicht nur Tischtennis gespielt, sondern auch Musik gehört und getanzt. Freitagabends war auch mein Großvater mit von der Partie, dann wurde aus dem »Herrn Pastor« der von allen nur »Boss« gerufene fröhlich Mitfeiernde. Die Partys im Jugendklub sollen so manches Paar zusammengeführt haben, das sich dann später in der Kirche das Ja-Wort gab. Oder wie mein Großvater zu sagen pflegte: »Die Einzigen, die dort kein Mädchen gefunden haben, waren meine Söhne. Meine Schuld war das aber nicht!«

Die frohe Botschaft, so wie er sie verkündete, zeigte auf die Welt, nicht auf den Himmel. Sie stammte von einem Lebenden und richtete sich auch an die Lebenden. Das Wort »Gott« hörte man aus dem Mund dieses Pastors so gut wie nie. Dafür war es ihm viel zu abstrakt. Nächstenliebe, Solidarität, Toleranz, darum kreiste sein Christentum. Nichts war ihm fremder als das Erhabene, Erbauliche oder gar Abgehobene, das so viele mit Religion verbinden. Das zeigte sich in seinem Umgang mit dem Tod erst recht. Ehrfurcht war ihm von Natur aus fremd.

Eines Tages, ich war vier oder fünf Jahre alt, bot sich mir auf dem Rückweg vom Kindergarten ein seltsames Bild. Bei Straßenarbeiten hinter der Kirche hatte man einen alten, lange schon vergessenen Friedhof entdeckt. Das Erdreich war umgepflügt und Gräber gehoben worden, nun lagen überall auf dem Bürgersteig verstreut Knochenreste. Meine Mutter nutzte ihre medizinischen Kenntnisse, um mir die Herkunft der einzelnen Relikte zu erklären. Sie zeigte mir, welcher Knochen von welchem Körperteil stammte. Ich war so begeistert, dass ich sogar einige der besser erhaltenen Überreste mit nach Hause nahm. Mein Großvater teilte meinen Enthusiasmus zwar nicht vollständig, doch er ließ mich gewähren. Gegen kindliche Neugier hatte er nie etwas einzuwenden. Der Tod, das waren ein paar alte Knochen. Schrecklich banal.

Als mein Großvater in den Ruhestand ging, legte er sich einen kleinen Garten an, den er mit alten Grabplatten, sogenannten Epitaphen, pflasterte. Einige hatte er vor der Zerstörung bewahrt, wenn Grabstellen nach Ablauf der Ruhefrist auf dem Friedhof aufgelöst worden waren, andere stammten noch aus den Ruinen, die der Krieg hinterlassen hatte. Bis in die Neuzeit hinein fanden Mitglieder des gemeinen Volkes ihre letzte Ruhe ausschließlich im anonymen Gemeinschaftsgrab. Grabplatten blieben den Reichen vorbehalten. Sie dienten denn auch weniger dem Lob des Schöpfers als vielmehr der Glorifizierung des großzügigen Stifters. Jetzt bekamen sie für uns einen ganz neuen, eher praktischen Nutzen. Meine Großmutter, ebenfalls studierte Theologin, legte beim Umgang mit allem Jenseitigen zwar größere Hemmungen an den Tag, aber auch sie betrat schließlich die ungewöhnlichen Gartensteine und dachte sich bald schon nichts mehr dabei. Wir Enkelkinder taten es ihr nach. Der Tod, das waren kaum noch entzifferbare Inschriften auf verwitterten Steinen. Nichts, wovor man Angst haben musste.

Alles änderte sich mit der Erkrankung meiner Mutter. Sie war erst sechsunddreißig, als der Krebs entdeckt wurde. Doch als man ihr die Brust operativ entfernte, war es bereits zu spät. In ihrem ganzen Körper hatten sich schon Metastasen gebildet. Sie musste ihren Beruf aufgeben. Mein Vater fand einen neuen Job in Tübingen, und die ganze Familie zog nach Süddeutschland. Dort wurde ich eingeschult.

Ich weiß noch, wie ich meine Mutter als Erstklässler mit meinen beiden jüngeren Schwestern am Krankenbett besuchte. Vor unseren Augen hob sie ihr Hemd, um uns die Schnitte zu zeigen. Auch wenn ich mir heute sicher bin, damals keine Klagen in ihren Augen gesehen zu haben, bezweifele ich doch, dass sie zu diesem Zeitpunkt bereits Frieden mit dem Schicksal geschlossen hatte. Ihre Karriere als Ärztin befand sich doch gerade erst am Anfang. Sie hatte diesen Beruf gewählt, um anderen in ihrem Leiden zu helfen, und nun war sie es, die mit dem Krebs kämpfte. Hatte sie sich zu viel zugemutet? War ihr Berufsalltag zu aufreibend gewesen?

Die Mutter, an die ich mich erinnern kann, kam immer erst am späten Abend von der Arbeit zurück, erschöpft und viel zu müde, um sich noch um die Kinder kümmern zu können, die sich nach ihrer Aufmerksamkeit sehnten. Irgendwann würde sie sich selbstständig machen, dann wäre mehr Zeit für die Familie da. Irgendwann.

Meine Schwestern und ich waren noch viel zu jung, um wirklich von ihr Abschied nehmen zu können, ganz zu schweigen davon, die Endgültigkeit ihres Todes zu begreifen. Das geschah erst nach und nach. Zu viele Träume, die für immer unverwirklicht blieben. Und viel zu wenige Erinnerungen, um die Lücke, die sich aufgetan hatte, füllen zu können.

Es war ein Tag in den Sommerferien, die ich im Harz verbrachte. Auf der Wiese vor dem Ferienhaus unserer Familie rannte ich einem Ball hinterher, als mich meine Tante zu sich rief. Mutter war gestorben. Noch immer verbinde ich diesen Moment mit dem sich plötzlich so seltsam schwer anfühlenden Ball in meinen Händen. Ich wusste nichts zu denken, nichts zu sagen. Es stellten sich keine Worte ein. Sie blieben mir buchstäblich im Hals stecken.

Am nächsten Tag fuhr meine Tante nach Tübingen, um an der Beerdigung teilzunehmen. Auf mich passten in der Zwischenzeit Freunde der Familie auf. Auch wenn ich wusste, dass es zu spät war, meine Mutter noch einmal in den Arm zu schließen oder ihr zu danken, konnte ich es nicht verstehen, warum alle der Meinung waren, ich sei noch zu klein für die Beerdigung. Wenn ich heute in Japan gelegentlich jemandem davon erzähle, ernte ich nur ungläubiges Staunen. Hier wäre es unvorstellbar, ein Kind von der Beerdigung der eigenen Mutter auszuschließen. Im Gegenteil. Es ist selbstverständlich, dass alle Familienmitglieder, auch die kleinsten, zusammenkommen, um Abschied von einem geliebten Menschen zu nehmen.

In den Jahren nach dem Tod meiner Mutter zog ich mich immer mehr in mich zurück. Kam ich aus der Schule heim, redete ich kaum mit meinem Vater oder meinen Geschwistern. Ich legte mich aufs Bett, schaute hoch zur Zimmerdecke und verlor mich in Gedanken. Wenn die Menschen sowieso alle sterben mussten, warum war ich dann überhaupt auf der Welt?

Das lebensbejahende Christentum, für das mein Großvater stand, bot mir keinen Trost mehr. Mir leuchtete zwar ein, dass es gut war, seinen Nächsten wie sich selbst zu lieben. Aber das galt doch nur unter der Voraussetzung, dass das Leben selbst überhaupt einen Sinn hatte. Und genau darin war ich mir nicht mehr so sicher. Vielleicht war es ja sogar besser, das Ganze so schnell wie möglich zu beenden.

Im Religionsunterricht thronte der liebe Gott mit seinem weißen Bart über den Wolken. Die artigen seiner Schäflein belohnte er, der Rest wurde bestraft. Siebzig oder achtzig gottgefällige Jahre in diesem Leben, um dann auf Ewigkeit an der Seite des Allmächtigen zu sitzen oder eben Pech zu haben und an einem ungastlicheren Ort zu enden. Selbst als Grundschüler fühlte ich mich für derlei Geschichten schon zu alt.

Andere Erwachsene, die ich mit meinen Fragen nach dem Sinn des Lebens löcherte, hielten sich strikt ans Diesseits. Für sie war das Leben ein Fest, dem nichts vorausging und nichts folgte und das man deshalb feiern musste, so lange es währte. Auch das überzeugte mich nicht. Obwohl ich selbst glaubte, dass die paar Jahrzehnte Leben von nichts als Unendlichkeit umgeben waren, folgte für mich daraus keine Begeisterung über das Geschenk des Daseins. So rauschend das Fest des Lebens für manche auch verlaufen mochte, es musste doch sowieso enden. Wie früh das passieren konnte, hatte ich selbst gerade hautnah miterlebt. Dann blieben nicht einmal mehr Erinnerungen, sondern nur die Leere des Nichts, die sich wohl kaum ums Vergangene scherte. Vorbei war vorbei.

Zudem hatte ich als Heranwachsender nie das Gefühl, gerade

Gast einer Feier zu sein. Viel eher kam mir mein Dasein wie ein endloses Warten vor, ohne dass ich hätte sagen können, worauf ich wartete. Leben war nur ein anderes Wort für Langeweile. Die Vorstellung, auf diese Weise einige Jahrzehnte zuzubringen, ehe der Tod allem ein Ende machte, bereitete mir Angst.

Der Begriff »Lebensmüdigkeit« fasst ganz gut zusammen, wie ich mich damals fühlte. Ich verspürte keine Sehnsucht nach dem Tod, aber auch keine Lust aufs Leben. Meine Grübeleien führten zu nichts. Ich fand keine Antwort auf die Frage nach dem Sinn des Lebens und dachte deshalb, wenig verwunderlich, über Suizid nach. Halt gab mir dabei allein das Wissen, noch im Besitz aller Möglichkeiten zu sein. Wäre ich erst einmal gegangen, käme ich nicht mehr zurück ins Leben. Ich wollte mir aber eine Hintertür offenhalten. Also warum nicht den morgigen Tag abwarten? Dann war immer noch Zeit genug, mit allem Schluss zu machen. Auch wenn das Leben todlangweilig und offensichtlich sinnlos war, gab es doch keine Eile, es zu beenden. So attraktiv erschien mir der Tod nun auch wieder nicht.

Die Geschichte von den vier Blinden und dem Elefanten

Zufriedenheit bedeutet aufzuhören,

nach ihr zu jagen.

Sawaki Kodo

Hätte ich in jenen Jahren bereits Kenntnis vom Buddhismus gehabt, wäre mir die Identifikation mit seinen drei zunächst so negativ klingenden Grundwahrheiten sicher nicht schwergefallen. Sie lauten: Unzufriedenheit, Vergänglichkeit und Substanzlosigkeit. Auch dem so allgemein gehaltenen wie einprägsamen Satz hätte ich wohl beigepflichtet, der Shakyamuni, dem historischen, vor 2500 Jahren in Indien lebenden Buddha, zugeschrieben wird: »Leben ist Leiden.«

Doch damit ist der Ausgangspunkt der Lehre Shakyamunis nur unzureichend benannt. Zum einen bezieht der Buddhismus nicht nur das Leben als solches, sondern auch ganz konkrete Aspekte der menschlichen Wirklichkeit ins Leiden mit ein.

Darüber hinaus wird gar nicht behauptet, dass alles »Leiden« ist. Die Übersetzung erschöpft den Sinn des Sanskrit-Worts »Dukkha« bei Weitem nicht. Seiner Herkunft nach verweist es auf einen Wagen, dessen Achse beschädigt ist. Das Rad dieses Wagens läuft deshalb nicht rund. Jeder, der einmal eine Delle in der Fahrradfelge hatte, weiß, wie ärgerlich das ist. Selbst auf dem glattesten Asphalt holpert dann das Rad, als sei man auf mittelalterlichem Kopfsteinpflaster unterwegs. Zu Shakyamunis Zeiten wurden die Wagen noch von Pferden oder Ochsen gezogen. Ich kann mir vorstellen, dass die Räder damals alles andere als exakt zentriert waren, von der Unebenheit der Wege gar nicht zu reden. Dennoch ging es irgendwie voran.

Das ist mit »Dukkha« gemeint. Weder wird gesagt, dass das Leben nur aus Schmerz und Qual besteht, noch, dass eine Katastrophe auf die andere folgt. So dramatisch ist es nicht. Zum Ausdruck gebracht wird lediglich die Überzeugung, dass im Leben nicht alles so rund läuft, wie wir es manchmal gerne hätten. Kaum etwas kommt, wie wir es bestellt haben. Auf dem Weg des Lebens geraten wir des Öfteren ins Schlingern. Dann müssen wir erkennen, dass unser Ich nicht das ist, wofür wir es für gewöhnlich halten - die Achse, um die sich die ganze Welt dreht.

Glaubt man der Legende, wurde Shakyamuni als Prinz geboren und verfügte über jeden Luxus, den er sich nur wünschen konnte. Er hatte eine wunderschöne Frau an seiner Seite (und viele Konkubinen!), er war Vater eines Sohnes und herrschte über treu ergebene Gefolgsleute. Er wohnte in einem großen Palast und besaß die schnellsten Pferde im Land. Doch schon vor den griechischen Philosophen hatte er begriffen, dass es nie ein Genug gibt, wenn es um Genuss und Freude geht. Daran hat sich bis heute nicht viel geändert. Noch immer und vielleicht mehr denn je gilt: »Too much is not enough.« Selbst das größte Glück währt nicht ewig. Früher oder später, das scheint sicher, fällt ein Schatten auf alles Helle. Dann beginnt die Unruhe, und es fühlt sich wieder so an, als fehlte irgendetwas. Was immer das auch ist. Vielleicht sollte man deshalb die erste Grundwahrheit des Buddhismus nicht mit »Leben ist Leiden« übersetzen. Sondern eher mit: »Du bist unzufrieden, und du weißt nicht, warum.«

Der Buddhismus kennt acht Aspekte der Unzufriedenheit. Die alten Inder liebten Zahlenspiele. Es gibt vier edle Wahrheiten, einen achtfachen Pfad zur Erleuchtung und die zwölfgliedrige Kette des bedingten Entstehens. Da überrascht es nicht weiter, dass auch die Aspekte der Unzufriedenheit in zwei Vierergruppen aufgeteilt werden. Den ersten Aspekt bildet natürlich das Leben selbst. Zu ihm gehören die folgenden drei zwingend dazu: das Älterwerden, die Krankheit und der Tod. Ohne sie gibt es kein Leben. Niemand kann vor ihnen davonlaufen. Sie sind immer da, manchmal versteckt und gut getarnt, so dass man beinahe vergessen hat, dass es sie gibt. Ehe man dann von einem Moment auf den anderen wieder erkennen muss, dass sie existieren. In all ihrer Wucht.

Was zählt noch zum Kern menschlicher Unzufriedenheit? Was hindert uns daran, zufrieden zu sein? Die Antworten, die der Buddhismus in der zweiten Vierergruppe des Leidens gibt, sind einleuchtend. Wir fühlen uns unzufrieden, wenn wir an unserer eigenen Situation verzweifeln. Wenn unsere Wünsche nicht erfüllt werden. Wenn das, was wir als unliebsam empfinden, nicht mehr aus unserem Leben verschwindet. Und wenn wir getrennt sind von dem, was wir lieben. Falls wir überhaupt wissen, *ob* wir lieben.

Oft kommt es uns vor, als gingen wir bei der Verteilung der Glücksgüter leer aus. Nie erhalten wir das, was wir wollen. Natürlich wollen wir immer genau das, was wir nicht haben können. Unerwiderte Liebe ist romantischer und einfacher als die wirkliche Beschäftigung mit einem anderen Menschen. Aber auch die, die sich in Stunden der Harmonie schon wie das glückliche Paar am Ende des Märchens fühlten, vereint für immer, unzertrennlich bis ans Lebensende, müssen manchmal feststellen, dass ihnen ihre Liebe irgendwann abhandengekommen ist, obwohl sie sich so fest geschworen hatten, gut darauf aufzupassen.

Dann wird aus der großen Liebe tatsächlich allmählich eine »Gemeinschaft mit dem Unliebsamen«, eine Beziehungskiste, die einem Kerker gleicht, aus dem nicht nur die Gedanken fliehen, hin zum Nächsten, von der wir uns die erneute Erfüllung unserer Träume erhoffen. Das Spiel der großen Gefühle und der schwärmerischen Worte beginnt von vorn. Könnten wir uns dann nur selbst einen Spiegel vorhalten! Am besten einen, der sprechen und uns den Abstieg von Wolke sieben etwas einfacher machen kann:

Du sagst: »Ich liebe sie aus ganzem Herzen!«
Du meinst: Du bist total verknallt. Ob du sie liebst, wird nur sie dir sagen können. Und auch das erst in zehn Jahren.
Du sagst: »Dieses Mal ist es mir wirklich ernst!«
Hast du das nicht schon das letzte Mal behauptet?
Du sagst: »Auf immer und ewig!«
Meinst du: Solange sich deine Gefühle nicht ändern?

Je mehr ein Mensch nach Zufriedenheit strebt, desto weniger wird er sie erlangen. Woher kommt dieses Gefühl des Nicht-genug-Habens, das an uns nagt und uns atemlos macht? Warum bekommen wir es nicht in den Griff?
Weil wir den Grund dafür in allem Möglichen suchen, nur nicht in uns selbst. Wir leiden, weil wir nach dem verlangen, was auf der anderen Seite des Zaunes liegt, wo bekanntlich das Gras grüner ist. Dabei verschließen wir die Augen vor der Wirklichkeit.

Auch wenn ein Satz wie »Leben ist Leiden« nicht danach klingen mag: Wichtig ist es zu verstehen, dass man im Buddhismus nicht an das Leiden *glaubt*. Wir werden eher dazu aufgefordert, uns vom Leiden und der Unzufriedenheit zu lösen, indem wir endlich die Augen öffnen, um die Dinge so wahrzunehmen, wie sie sind. Es geht nicht um Glauben oder Nicht-Glauben, sondern, leider deutlich schwieriger, um Erkenntnis.

Der berühmte japanische Zen-Meister Dogen ist uns in so vielem vorausgegangen. Nicht nur, weil er im 13. Jahrhundert das erste unabhängige Zen-Kloster in Japan eröffnet hat und als Begründer der Soto-Schule gilt, der bedeutenderen der beiden Schulrichtungen des Zen, die es in Japan gibt und der auch ich mich angeschlossen habe, als ich vor mehr als zwanzig Jahren zum Mönch ordinierte. Sondern auch, weil er in seinem dichterischen Werk einen so großen Vorrat an Weisheit und Scharfsinn hinterlassen hat, dass er vielen Japanern als der bedeutendste aller Denker gilt.

Zwei traditionelle Geschichten, die Dogen in seinen Schriften nacherzählt, verdeutlichen, wie schwer es uns für gewöhnlich fällt, unsere Vorannahmen einzuklammern und einen etwas weniger verzerrten Blick auf die Welt zu richten.

In einer Geschichte begegnen wir vier Blinden, die gebeten werden, einen vor ihnen stehenden Elefanten zu beschreiben. Der erste tastet den Rüssel ab und ruft: »Ein Elefant, das ist ein Schlauch!« Der zweite beschäftigt sich mit dem Ohr des Tieres und kommt zu dem Schluss: »Ein Elefant, das ist ein Bananenblatt!« Der dritte tastet den gewaltigen Bauch ab: »Ein Elefant, das ist eine Tonne!« Und der letzte widmet sich dem Schwanz und ist sich ganz sicher: »Ein Elefant, das ist ein Palmwedel!« Wir gehen kaum anders vor, wenn wir uns eine Meinung über die Wirklichkeit bilden. Wir begnügen uns mit dem ersten Eindruck und beteuern, er enthalte die ganze Wirklichkeit.

Die zweite Geschichte Dogens führt uns zu einem chinesischen Gelehrten, der seine Leidenschaft für die Malerei entdeckt und sich dabei auf ein einziges Motiv spezialisiert hat: Drachen. Die Jahre verstreichen. Jahre der Malerei. Der Gelehrte geht ganz in seinem Tun auf. Er malt Drachen um Drachen mit nie versiegender Begeisterung, ohne je einen leibhaftigen Drachen auch nur von der Ferne gesehen zu haben.

Eines Tages jedoch dringt die Kunde von des Malers Hingabe an sein Motiv zu einem echten Drachen vor. Er beschließt, dem Gelehrten eine Freude zu bereiten und ihn zu besuchen. Als er den weiten Weg zurückgelegt hat, streckt er den Kopf zum Fenster des Ateliers hinein, um seinen größten Fan zu begrüßen. Doch als der sich umdreht und den Drachen sieht, fährt ihm der Schreck in alle Glieder. Er fällt um und ist tot.

Auch diese Geschichte illustriert sehr gut, wie weit sich unsere Ideen und Gedanken von der Wirklichkeit entfernen können. Wir verwechseln unsere Vorstellungen mit der Realität, wir glauben an unsere liebgewonnenen Klischees und merken nicht, dass wir dabei einem Trugbild aufsitzen. Zerschlägt ein Ereignis dann alle Vermittlungen, treten wir hinaus ins gleißende und unbarmherzige Licht des Erkennens, dann gleicht die Konfrontation mit den Dingen oft einem Schock.

Davor schützen wir uns die meiste Zeit. Wir erwachen nicht zur Wirklichkeit. Wir verirren uns, wie es im Buddhismus heißt. Bei unserer Jagd nach Geld, Ruhm, Ansehen, Liebe und Sex sind wir blind für die nackte Wahrheit, die das Leben und der Tod für uns bereithalten. Wir sehen die Welt durch eine Brille mit gefärbten Gläsern. Wir halten das Fernglas verkehrt herum, um die Dinge auf Abstand zu halten. Wir setzen uns freiwillig Scheuklappen auf, damit wir nicht nach links und rechts schauen müssen.

Diese selbst herbeigeführte Blindheit bildet die Ursache unserer Unzufriedenheit. Weil wir die Welt nicht so sehen wollen, wie sie wirklich ist, leiden wir. Die Dinge kümmern sich nicht darum, wie wir sie gerne hätten. *Sie sind einfach da.* Zur Wirklichkeit erwachen bedeutet, die Blindheit und das Verirren zu erkennen. Die durch sie hervorgerufene Unzufriedenheit zu durchschauen.

Wer erwacht ist, sieht die Dinge in ihrem Da-Sein, in ihrer oft abweisenden Tatsächlichkeit, ohne Filter, ohne Verzerrung. Aber Buddha ist nur, wer nicht *aus* der Irre, sondern *zur* Irre erwacht, in der wir gewöhnliche Wesen stecken. Das klare Erkennen des eigenen Irrens, darauf kommt es an. Wer sich dagegen allem Irren entronnen wähnt, hat sich längst rettungslos verlaufen. Daher kann, wie Dogen schreibt, gerade der kein Buddha sein, der sich selbst für einen hält: »Wenn die Buddhas wahrhaft Buddhas sind, haben sie nicht das Bewusstsein, Buddhas zu sein.« Nur wer die eigene Buddhaschaft ganz vergessen hat, kann ein wahrer Buddha genannt werden.

Wie häufig ist es ein Haiku, das derartige Gedanken-Knoten mit einem einzigen Hieb durchschlägt. Ein kurzes Gedicht, siebzehn Silben nur, das ein Naturphänomen beschreibt, einmalig, gegenwärtig und ganz konkret. Eine kleine Erklärung der Welt, die an einem Detail das große Ganze aufscheinen lässt.
Wie ist es? *So* ist es, sagt das Haiku. Genau *so*:

Der Schatten der Kiefer
Ist umso dunkler, je heller
Der Mond scheint

Der Schatten gehört zum Licht. Verirren und Erwachen bedingen sich gegenseitig. Nur durch das Erwachen werden wir uns unseres Verirrens bewusst. Wie der Schatten das Licht erst hervorhebt, macht erst ein Verirren das Erwachen überhaupt möglich.

Ein Irrer, wer meint, nicht zu irren. Ein Erwachter, wer erkennt, dass er irrt. Ein Buddha.

Vielleicht sollten wir ganz einfach ehrlich zu uns sein. Ist unsere Unzufriedenheit tatsächlich ein so großes Problem? Leiden wir wirklich? Meistens sind wir doch nur unzufrieden, weil wir viel zu viel erwartet haben und das tatsächliche Ergebnis dann nicht unseren Hoffnungen entspricht. Manchmal *wollen* wir auch unzufrieden sein. Wir gefallen uns darin, zu hadern, und etwas, worüber wir uns beklagen können, kommt uns gerade recht. Gleichwohl: Egal, ob wir uns nach Zufriedenheit sehnen oder eine perverse Freude am Unzufriedensein empfinden – ganz glücklich sind wir so oder so nicht.

Genau damit, mit dem Zustand des »Nicht-ganz-Zufriedenseins«, sollten wir versuchen, Frieden zu schließen. Wir müssen uns unserer Unzufriedenheit öffnen. Dann werden wir erkennen, dass sie zu unserem Glück dazugehört wie der Schatten zum Licht. Das eine ist ohne das andere nicht zu bekommen. Dann merken wir vielleicht sogar, dass uns von Anfang an nichts gefehlt hat zum Zufriedensein. Weil wir alles, was dafür nötig ist, schon besitzen und in uns tragen.

Es gibt zwar Katzen und Ochsen, aber ein Ich, das gibt es nicht

Wenn du klar erkennst, dass dein Leben nahtlos verbunden ist mit dem Universum; wenn du erkennst, dass kein Haarbreit zwischen dich und Buddha passt, dann wird es dir nichts ausmachen, ob du auf der Bühne die Vorder- oder Hinterbeine im Kamel-Kostüm spielst. Dann wirst du in jeder einzelnen deiner Handlungen deine ganze Lebenskraft entfalten.

Sawaki Kodo

Neben der Unzufriedenheit kennt der Buddhismus noch zwei weitere Grundwahrheiten des Lebens: Vergänglichkeit und Substanzlosigkeit. Alles befindet sich im Wandel, nichts hat Bestand. Und die Dinge sind leer. Beide Wahrheiten hängen eng miteinander zusammen und klingen zunächst einmal alles andere als erbaulich.
Was uns wertvoll ist, wird uns eines Tages genommen werden. Das gilt nicht nur für unser wohlgehütetes Eigentum, in das wir

so viel Zeit und Geld investiert haben, damit wir uns in seinem Glanz sonnen können. Auch unser Körper, der einmal jung und gesund und voller Kraft war, ist dem Verfall preisgegeben und weist in seinem Schwächerwerden voraus auf den Tod.

Entweder bin ich es, der zuerst aus dem Leben scheidet, oder es sind die geliebten Familienmitglieder und Freunde, von denen ich Abschied nehmen muss. Immer, immer scheint es zu früh dafür zu sein. Immer hätte man so gern noch ein wenig Zeit mit ihnen verbracht, noch einen Sommer, noch ein Lächeln, noch eine, eine einzige Umarmung.

Aber das ist nur die eine, die dunkle Seite der Vergänglichkeit. Es gibt auch eine freundliche. Denn wenn alles vergeht, dann auch das Leid, der Schmerz, die Traurigkeit. Darin liegt ein Trost. Wir entstehen und vergehen, wir verirren uns und wir erwachen, und möglicherweise geht uns irgendwann auf, dass diese Begriffe keine Gegensätze bilden, sondern nur *zusammen* die Wirklichkeit ergeben. Eine Wirklichkeit, die vergänglich und leer ist.

Dem Buddhisten machen Flüchtigkeit und Substanzlosigkeit keine Angst. Wer beides verinnerlicht hat, kann bereits ein Buddha genannt werden, weil in ihm weder Egoismus noch Ruhmsucht wachgerufen werden – lächerliche Größen angesichts allumfassender Vergänglichkeit.

Manchen mag das an ein berühmtes Sonett des Barockdichters Andreas Gryphius erinnern:

Du siehst, wohin du siehst, nur Eitelkeit auf Erden.
Was dieser heute baut, reißt jener morgen ein:
Wo jetzt noch Städte stehn, wird eine Wiese sein,
Auf der ein Schäferskind wird spielen mit den Herden.
Was jetzt noch prächtig blüht, soll bald zertreten werden.
Was jetzt so pocht und trotzt, ist morgen Asch' und Bein,
Nichts ist, das ewig sei, kein Erz, kein Marmorstein.

Jetzt lacht das Glück uns an, bald donnern die Beschwerden.
Der hohen Taten Ruhm muss wie ein Traum vergehn.
Soll denn das Spiel der Zeit, der leichte Mensch, bestehn?
Ach! Was ist alles dies, was wir für köstlich achten,
Als schlechte Nichtigkeit, als Schatten, Staub und Wind;
Als eine Wiesenblum', die man nicht wieder find't.
Noch will, was ewig ist, kein einzig Mensch betrachten!

Auch Gryphius lenkt den Blick des Lesers auf die Vergänglichkeit. Erst ganz am Ende des Gedichts fordert er uns auf, das Ewige zu bedenken. Er gewährt uns einen Ausstieg aus dem schlechten Jetzt. Der Absage ans Irdische, der Klage über die Nichtigkeit der Welt – Gryphius lebte während des Dreißigjährigen Krieges – folgt die Hinwendung zu Gott und seinem himmlischen Reich. Durch die unsterbliche Seele wird der Mensch Teil des Ewigen. Die Vergänglichkeit wird aufgehoben in der Transzendenz.

Wenn dagegen im Buddhismus von Vergänglichkeit und Leere gesprochen wird, geht das über die triviale Tatsache hinaus, dass wir alle nur sterbliche Wesen sind. Gemeint ist etwas viel Radikaleres. Es ist das Ich selbst, auf das wir unser Leben gründen, das leer und substanzlos ist. Eine Illusion, die uns täuscht. Es gibt nicht »mein« Leben. Genauso wenig, wie es »dein« Leben gibt. Nichts kann mit »ich« oder »mein«, »du« oder »dein« bezeichnet werden. Der Buddhismus kennt nichts Ewiges. Außer der Leere und der Vergänglichkeit selbst.

Selbst ein Buddha ist sterblich. Eines Tages wird auch die Lehre Shakyamunis vergessen sein. Aber selbst wenn die Erde untergehen sollte, wird in einigen Jahrmillionen irgendwo am Rand des Universums sich mit Sicherheit wieder jemand hören lassen, der laut und vernehmlich klagt. »Ich bin unzufrieden!« Und dann wird hoffentlich, so wie einst Shakyamuni, wieder ein fühlendes Wesen zur Wahrheit der Leere dieses »Ichs« erwachen.

Aber es reicht nicht, die Leere nur mit dem Intellekt zu verstehen. Das Verstehen allein löst die Fesseln unseres egoistischen Geistes nicht. Wir müssen am eigenen Leib *erfahren*, dass die Vergänglichkeit nicht nur die Welt um uns herum betrifft, sondern den Kern unserer eigenen Existenz. Das, was wir selbst sind. Denn die Unzufriedenheit entsteht erst durch das Festhalten an unserem Ich.

Der Satz »Ich bin unzufrieden« ist keine Klage über einen Mangel, über das, was scheinbar zur Zufriedenheit fehlt. Der Satz handelt stattdessen von einem »Zuviel«. Was zu viel ist, das ist das Ich. Alle Probleme entstehen in dem Moment, in dem jemand die Stimme erhebt und von sich selbst und seiner Unzufriedenheit spricht, weil er allen Ernstes davon ausgegangen war, die Welt würde sich schon um ihn kümmern. Wie könnte sie, wenn nicht einmal das Ich, das sich da lauthals beschwert, Substanz hat.

Der Buddhismus lehrt, dass wir vom Ich, von uns selbst, ganz absehen müssen, wenn wir auf unserer Lebensreise zu einer gelungenen Praxis gelangen wollen. Den Geist zu erwecken und zum Buddha zu werden, diese Möglichkeit steht jedem offen. Man muss kein Auserwählter sein, um den Weg des Buddhas zu gehen. Einige Buddhisten behaupten sogar, wir alle seien bereits im Besitz der Erleuchtung und unser Geist schon erwacht. Aber das erscheint nicht nur mir dann doch allzu einfach und bequem. Schon der Zen-Meister Dogen hatte im 13. Jahrhundert so seine Schwierigkeiten damit. Wenn alle Lebewesen bereits die Buddha-Natur besitzen, wieso sollte dann überhaupt jemand den Buddhismus praktizieren? Keiner seiner Lehrer konnte ihm diese Frage beantworten, daher beschloss Dogen, den Tempel zu verlassen und selbst eine Antwort zu finden.

Auf der Suche nach einem neuen Meister hörte Dogen von Eisai, einem Priester, der in China mit der Praxis des Zen in Berührung gekommen war. Zu dieser Zeit existierte in Japan noch keine eigenständige Zen-Schule, doch Eisai unterrichtete in seinem Tempel Meditation im Stil des Zen. Dogen suchte ihn dort auf und stellte ihm jene Frage, die seine früheren Lehrer ratlos zurückgelassen hatte. Eisai sah ihn an und antwortete sofort: »Ich weiß nicht, ob die Buddhas der Vergangenheit, der Gegenwart und der Zukunft wirklich existieren. Aber ich weiß, dass es Katzen und Ochsen gibt.«

Dogen war verblüfft. Er hatte eine lange theoretische Ausführung erwartet. Stattdessen wies Eisais Antwort auf nichts als die konkrete Realität, wie sie jedem tagtäglich begegnete. So entschloss sich Dogen, alle Umwege über das Intellektuelle sein zu lassen und sich künftig ausschließlich der Zen-Praxis zu widmen. Mit Eisais Nachfolger, dem Priester Myozen, ging er nach China, um seine Studien vor Ort zu betreiben.

Doch während sich Myozen auf den Weg ins Landesinnere machte, von Tempel zu Tempel pilgerte und die prominentesten Meister aufsuchte, saß Dogen im Hafen fest. Ohne offizielle Erlaubnis durfte er sein Schiff nicht verlassen. Was er nicht ahnen konnte: Die viel zu langsam arbeitende chinesische Hafenbehörde verhalf ihm zu einer wichtigen Begegnung.

Eine halbe Tagesreise entfernt befand sich nämlich ein großes Zen-Kloster, und dessen Koch war in den Hafen gekommen, um japanische Pilze für eine Suppe zu kaufen. Dogen bekam davon Wind und lud den Koch ein, bei ihm auf dem Schiff zu übernachten. Er erhoffte sich ein Gespräch, das ihn der Antwort auf seine Frage ein Stück näher bringen würde.

Aber der Koch lehnte das freundliche Angebot ab. Dringend müsse er zurück zum Tempel, sagte er, schließlich gelte es, das Essen für die anderen Mönche vorzubereiten. So schnell gab sich Dogen nicht geschlagen. Was konnte wichtiger sein, als über die Lehre des Buddha zu sprechen? Doch sicher nicht das Kochen einer Mahlzeit! Und überhaupt: Konnte denn niemand sonst im Tempel die Aufgabe übernehmen?

Der andere schüttelte den Kopf. Ihm sei die Praxis des Kochens sehr wichtig, entgegnete er. Es komme nicht in Betracht, die Arbeit einfach einen anderen machen zu lassen.

Dogen meinte, den Koch ermahnen zu müssen. Sollte der sich nicht angesichts seines hohen Alters besser dem Zen-Studium widmen, als die kostbare Zeit, die ihm noch blieb, mit der Essenszubereitung zu verschwenden?

Der Koch lachte. Dann sagte er:

»Mein lieber Freund, du bist wahrlich ahnungslos. Du weißt nicht, worin die Praxis des Zen besteht.«

Die Worte stellten den jungen Dogen vor ein Rätsel. Immerhin gab ihm der Koch zum Abschied einen Ratschlag:

»Wenn du nicht aufhörst, die Frage nach der richtigen Praxis zu stellen, wenn du der Frage nicht ausweichst und dich ihr stellst, dann wirst du in ihr der Praxis und auch dir selbst begegnen. Aber jetzt wird es langsam dunkel, und ich muss gehen.«

Nachdem Dogen endlich die Erlaubnis zum Verlassen des Schiffs erhalten hatte, reiste er unabhängig von seinem Lehrer Myozen durch das Land. In einem der Klöster, die er besuchte, traf er wieder auf einen Koch. Ein in die Jahre gekommener Mönch, der in der Mittagssonne auf dem glühenden Steinpflaster Pilze trocknete und dabei ganz offensichtlich große Mühe hatte, nicht nur wegen der Hitze. Warum ließ er keinen Jüngeren diese Arbeit machen? Der Koch antwortete:

»Ein anderer bin nicht ich.«

Dogen lobte die vorbildliche Einstellung. Aber verstehen konnte er es trotzdem nicht, warum der alte Mann nicht bis zum kühleren Abend wartete, um sein Werk zu vollenden. Der Koch fragte nur zurück:

»Wenn nicht jetzt, wann dann?«

Noch nie war Dogen einem Mönch begegnet, der seine alltägliche Arbeit und damit das Hier und Jetzt derart wichtig nahm. Ohne es beabsichtigt zu haben, hatte er eine Lektion in Sachen Praxis erhalten. Er war der Antwort auf seine Frage ein wenig auf die Schliche gekommen.

Später, in seinen Schriften, sollte Dogen diese Lektion fortschreiben. Wir müssen leben, indem wir vollkommen loslassen von unserem Ich. Dann, und nur dann, werden wir uns in jedem noch so kleinen Ereignis in dieser Welt wiedererkennen. Dabei dürfen wir nie vergessen, wie schwach unser Leib ist und wie oft wir von unseren Sinnen als Sklaven gehalten werden. Erst wenn wir uns von diesen Fesseln befreien, werden wir zum Geist Buddhas erwachen. Daher rät uns Dogen, uns nicht einmal vom Gesang der Engel und dem Anblick der schönsten Frauen betören zu lassen.

Vielmehr sollen wir den Weg gelungener Praxis üben, als wollten wir ein Feuer auf unserem Haupt auslöschen. Es ist unser Leben. Wir selbst stehen in Flammen und wir brauchen in jedem Augenblick all unsere Wachsamkeit und Konzentration, um ihrer Herr zu werden. Kein anderer kann uns das abnehmen. So wie auch niemand für uns sterben kann. Wir selbst müssen leben und sterben. Wenn wir dabei unser Ich vergessen, werden wir erkennen, dass dieselbe Kraft, die allen Dingen ihre Existenz gibt, sich auch in uns zeigt.

Als Leben und als Sterben.

Wer bin ich? Oder besser: Wen oder was meine ich, wenn ich »ich« sage? Meistens gehe ich davon aus, dass ich heute derjenige bin, der ich gestern war. Wenn ich am Abend die Schuhe vor der Tür stehen lasse, finde ich sie am anderen Tag vom Regen durchnässt vor. Dann kann ich nur mir selbst die Schuld für meine

Gedankenlosigkeit geben. Morgen werde ich die Suppe auszulöffeln haben, die ich mir heute koche. Wäre ich nicht davon überzeugt, dass es dasselbe Ich ist, das sich über die Abgründe von gestern, heute und morgen die Hand reicht, dann würde es mir sehr schwerfallen, für mein Leben Verantwortung zu übernehmen.

Aber trügt diese Überzeugung denn nicht? Führt wirklich eine Brücke aus der Vergangenheit in die Gegenwart? Bin ich derselbe wie gestern? Derselbe wie vor zehn oder zwanzig Jahren? Hat mein Ich Bestand oder ist es nur eine Illusion, an die ich mich klammere? Ist ich stets ein anderer?

Vor Jahrzehnten gab es noch keinen »Abt Muho«. Damals riefen mich alle noch »Olaf«. Wenn ich heute Fotos aus dieser Zeit sehe oder in meinen alten Tagebüchern lese, begegne ich einem fremden Menschen, der mir versichert, er sei ich, obwohl es mir sehr schwerfällt, ihm das zu glauben. Wann bildete sich mein heutiges, jetziges Ich? Wann wurde ich denn »ich«?

Die Antwort des Buddhismus ist denkbar einfach.

Es gibt kein Ich.

Es gibt nur eine Serie von flackernden Punkten, die sich in der Erinnerung zu einer durchgehenden Linie aus Licht verbinden und von meinem gegenwärtigen Bewusstsein »Ich« genannt werden. Was in der Gegenwart einzelne Momente sind, ordnet sich in der Rückschau zu einer Geschichte, die unerschütterlich behauptet: Das bist du, das ist dein Leben. Aber keiner dieser flackernden Punkte ist mein wirkliches Ich. Ich bin heute nicht derselbe, der ich gestern war. Schon in dem Moment, in dem ich das Wort »ich« nur ausspreche, bin ich schon wieder ein anderer. Der rote Faden, der sich scheinbar ununterbrochen von der Kindheit über die Gegenwart bis zu meinem zukünftigen Ich spannt, ist eine Illusion.

Oder wie es Dogen formuliert:

Du sagst ›ich‹, doch was meinst du damit? Setze dich in Ruhe hin und frage dich selbst: Woher kommt dieser Körper und alles, was innen und außen dazugehört? Dieser Körper, mit Haut und Haaren, ist etwas, was du von Vater und Mutter erhalten hast. Doch die zwei Tropfen – weiß und rot – die sich da verbunden haben, sind letztlich substanzlos. Das kann nicht dein »Selbst« sein. Dein Leben wird zusammengehalten vom Wirken des Geistes als Wille, Bewusstsein und Wissen. Doch was ist das letztendlich, in diesem einen Atemzug? Auch dies ist kein »Selbst«. Hänge deshalb weder am Körper noch am Geist. Wer daran hängt, geht in die Irre. Wer loslässt, erwacht.

Es ist kein Zufall, dass Dogen hier vom Atem spricht. Gewöhnlich sind wir uns des Atems nicht bewusst. Wir sagen zwar »ich atme«, aber der Atem geht aus und ein, ohne jemals einem Ich anzugehören. Selbst wenn ich meine ganze Aufmerksamkeit auf den Atem richte, wird er doch nicht zu »meinem« Atem. Ich produziere ihn nicht. Im Gegenteil. Es ist der Atem, der mich am Leben erhält. Nicht ich bestimme den Atem, sondern der Atem bestimmt mich. Immer.

Würde ich versuchen, weiter und weiter einzuatmen, dann stieße ich sehr bald an eine Grenze, die ich nicht zu überschreiten vermag. Irgendwann bliebe mir nichts anderes übrig, als wieder auszuatmen. Doch auch das ist falsch formuliert: Nicht ich bin es, der da aktiv handelt. Ich muss (und darf!) mich dem Atem überlassen, so wie er kommt und geht. Wenn ich das bewusst tue, merke ich schnell, dass kein Atemzug wie der andere ist. Jeder einzelne markiert einen einzigartigen, unwiederholbaren Moment.

Das gilt auch für das ganze Leben. Es ändert sich nicht so abrupt wie das Wetter an einem sonnigen Nachmittag, wenn plötzlich ein Gewitter den Himmel verfinstert. Sondern mit jedem Atemzug. Die Zeit ist immer wieder am Anfang. Das Leben entsteht in jedem Augenblick noch einmal neu. In seinem unablässigen Werden und Vergehen entzieht es sich allem Besitz. Es ist buchstäblich nicht zu begreifen. Daher werden wir es mit Begriffen wie »mein« oder »dein« stets nur verfehlen.

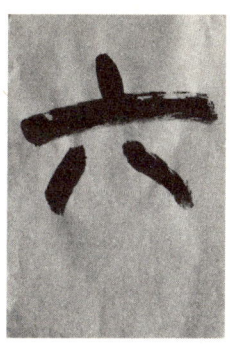

Atmen wie zum ersten Mal

Quengel nicht.

Glotz nicht in die Gegend.

Sitz einfach!

Sawaki Kodo

Mit sechzehn zog ich von Tübingen zurück nach Braunschweig. Ich besuchte die Oberstufe an einem christlichen Internat. Reiner Zufall, dass dort ein Pädagoge als Jugendleiter arbeitete, der sich jener Zen-Meditation widmete, die Zazen genannt wird. Nicht jeder sah das gern. Anfang der 1980er-Jahre schlug die vermeintliche oder tatsächliche Gefahr, die durch Sekten drohte, hohe Wellen. Die Medien stürzten sich auf die orangegewandeten Bhagwan-Jünger und ihren exzentrischen Guru im Rolls Royce. Die Meldungen zeigten Wirkung und säten Misstrauen gegenüber allem, was auch nur ein wenig nach dem Aufbau eines Ashrams roch. Und sei's ein Freizeitkurs an einem christlichen Internat mit dem eher trockenen Titel »Meditation im Stil des Zen«. Das Wort »Zen« genügte schon, um bei der Schulleitung für Stirnrunzeln zu sorgen.

Mit ihrem Misstrauen stand sie nicht alleine da. Als man mich zur Teilnahme einlud, ging auch ich erst einmal auf Distanz. Zazen? Was um Himmels willen sollte das sein? Wollte man mich für eine dunkle Sache gewinnen? Ich hatte nicht vor, in spirituelle Sphären zu entschweben. Ich wollte auf dem Boden der Tatsachen bleiben.

Auch als der Jugendleiter mich zwei Wochen später erneut fragte, ob ich es nicht doch *wenigstens einmal probieren* wolle, schüttelte ich den Kopf. Er aber blieb hartnäckig:

»Hast du denn schon einmal meditiert?«

»Nein. Und ich habe es auch nicht vor.«

»Aber wenn du es noch nie probiert hast, woher weißt du dann, dass es dich nicht interessiert?«

Ich lachte nur. Köderten nicht exakt mit diesem Argument alle Sekten neue Mitglieder? Am besten war es, von Anfang an die Finger davon zu lassen. Andererseits fühlte ich mich so sicher und unangreifbar in meinem Desinteresse, dass ein *einmaliger Besuch* des Kurses doch wohl nicht schaden konnte. Außerdem konnte ich die Meditation dann wirklich mit gutem Grund und reinen Herzens ablehnen. Alle sollten sehen, wie wenig ich mit derlei Hokuspokus anfangen konnte!

Wie man sich doch täuschen kann. Im Grunde dauert das, was damals als einmaliges Experiment gedacht war, bis heute, über dreißig Jahre nach jenem Tag im Herbst 1984, an. Ohne den Besuch des Meditationskurses im Braunschweiger Internat würde ich heute wohl nicht als Abt ein Zen-Kloster in den japanischen Bergen leiten.

Die Ängste des Jugendlichen, der ich war, haben sich als unbegründet erwiesen. Ich wurde keiner Gehirnwäsche unterzogen. Ich geriet auch nicht in die Fänge einer Sekte. Ich erlebte etwas viel weniger Dramatisches und doch viel Elementareres. Ich lernte zu atmen.

Bis zu dieser ersten Meditationserfahrung war mir meine Körperhaltung immer gleichgültig gewesen. Bereits als Kind hatte ich einen so krummen Rücken, dass mich mein Vater zu einem Orthopäden bringen musste. Der verschrieb mir gegen meinen »Katzenbuckel« regelmäßige Krankengymnastik. An meiner schlechten Haltung änderte die allerdings nichts. Nicht weil der Arzt oder die Gymnastik versagt hätten. Sondern weil ich nicht die geringste Lust verspürte, Tag für Tag meine Übungen zu machen. In der Schule saß ich gekrümmt wie Rodins Denker in meiner Bank und zuhause verließ ich das Bett nur, wenn es gar nicht anders ging. Was kümmerte mich mein Körper, wichtig waren doch sowieso allein die Fragen in meinem Kopf: Wer bin ich? Warum lebe ich? Wer will ich sein?
Ließen sich diese Fragen lösen, dann sicher nicht durch Gymnastik. Die Antwort musste, wenn überhaupt, in meinen Gedanken zu finden sein. Bewies nicht der wunderbare Stephen Hawking, dass Intelligenz jedem Körpergefängnis meilenweit davonflog?
Hätte mich damals jemand gefragt, wo mein Wesen, mein Ich versteckt sei, ich hätte wohl auf meinen Kopf gezeigt. In meinem Kopf, da war ICH. Von dort aus sah ich die Welt, dort formulierte ich meine Fragen. Dort fand alles statt, was mich ausmachte.
Trotz so vieler Gedanken war mir jedoch einer nie gekommen – dass der Teil meines Körpers, der unterhalb des Halses begann, auch zu mir gehören könnte. Mein »Rest-Körper« kam mir austauschbar vor. Schon früher war es mir seltsam und irgendwie beliebig erschienen, dass mein Ich gerade in dieser und nicht in einer anderen Hülle steckte oder nicht gar völlig körperlos über

den Wolken schwebte. Warum überhaupt ein Körper? Und warum dieser bestimmte?

Ich bekam Kopf und Körper nicht zusammen. Es gab mich zweimal. Es gab den Jungen namens Olaf, der zur Schule ging, sich mit Freunden traf und dessen Körper in die Höhe schoss. Und es gab mein Ich, das sich im Kopf dieses Jungen befand und alles, was er tat, beobachtete und kommentierte. Später richtete sich der Blick des Ichs auf sich selbst. Der Beobachter fing an, sich selbst zu beobachten, die Konfusion nahm immer mehr zu: Wer hatte in meinem Kopf eigentlich das Sagen? Wem gehörten diese uferlosen Gedanken? »Mir«? Aber wer war das? Mir ist nicht bekannt, dass auch nur einer der Philosophen, die sich im Lauf der Jahrtausende über diese und ähnliche Fragen den Kopf zerbrochen haben, eine Antwort gefunden hat. Heute weiß ich auch, warum. Weil sie sich nicht denken, sondern nur praktisch erfahren lässt.

Meine Meditationspremiere - wenn man sie so überhaupt nennen kann - verlief ganz anders als gedacht. Wir alle waren gebeten worden, eine Decke mitzubringen, und auf der saßen wir dann in einer vom Leiter genau erläuterten Haltung. Die Beine wurden im Schneidersitz gefaltet, die Hände im Schoß zusammengelegt. Als ich das Becken vorstreckte und den Rücken etwas gerader als sonst machte, befanden sich meine Augen gleich mehrere Zentimeter über der gewohnten Blickhöhe. Wer Schwierigkeiten habe, sich zu konzentrieren, solle die Augen schließen, sagte der Leiter. Wer sich dagegen müde fühle oder zur Tagträumerei neige, solle sie geöffnet halten. Wir erfuhren, dass Buddha-Statuen die Augen deswegen halb geschlossen hielten, weil der Buddha seine Aufmerksamkeit sowohl nach innen als auch nach außen richtete. Das sei das Ziel für den Meditierenden. Die Sinne sollten wach und geschärft sein, konzentriert auf alles, was im gegenwärtigen Moment geschah. »Bleibt im Hier und Jetzt!«, lautete der Rat.

Noch war ich skeptisch. Wenn morgens der Wecker klingelte, erwachten meine fünf Sinne doch ganz automatisch. Auch wenn ich manchmal mit den Gedanken in der Vergangenheit feststeckte oder mir eine rosige Zukunft erträumte, befand ich mich doch im Großen und Ganzen, so wie jeder andere Mensch, in der Gegenwart. Warum also sich extra darauf konzentrieren? Der Leiter bat mich, einfach zur Ruhe zu kommen und weiter seinen Worten zu folgen. Ich werde schon noch selbst feststellen, dass ein beträchtlicher Unterschied existierte zwischen einem Wachsein im gewöhnlichen Sinn und der im Zen gelehrten Geisteshaltung.

Wir sollten uns auf einen Punkt auf unserer Stirn konzentrieren. Das fiel mir nicht schwer, schließlich legte ich ohnehin die meiste Zeit grübelnd die Stirn in Falten. Dann sollten wir unsere Aufmerksamkeit weiter nach oben verlagern, an den höchsten Punkt des Scheitels. Auch das schaffte ich. Von dort ging es zentimeterweise den Nacken hinab. Der Leiter hielt uns an, das Gewicht der Arme zu spüren. Erst da bemerkte ich, wie steif meine Schultern waren. Das blieb nicht unbeobachtet:

»Keine Sorge, die Arme werden dir nicht abfallen. Überlass sie einfach ihrem Gewicht, dann entspannen sich deine Schultern von ganz allein.«

Ich kann mich erinnern, dass es für mich mit jedem Wirbel das Rückgrat hinab schwieriger wurde. Je weiter ich mich von meinem Kopf entfernte, desto weniger fühlte ich mich mit meinem Körper verbunden. Beim Steißbein angelangt, wurden wir aufgefordert, von dort aus »unsere Mitte« zu finden. Mir war nicht ganz klar, wo genau sich diese Mitte befinden sollte. Zwischen Leber und Nieren? Am Bauchnabel? Verkopft, wie ich war, blieb mir das Wort ein Rätsel.

Ich spürte aber, dass »mein« Körper mehr war als das Werkzeug, für das ich ihn gehalten hatte. Der Herzschlag, die Atemzüge, die Balance der Wirbel, das war eine ganz neue Welt für mich. Allmählich begann ich zu ahnen, dass ich meinen Körper nicht so beherrschte wie ein Marionettenspieler seine Puppe. Was ich da spürte, das war alles *mein Leben*. Oder genauer gesagt: eine Lebenskraft, die größer war als ich selbst und die sich durch mich manifestierte. Die Körper und Geist untrennbar miteinander verband.

Die alte Militärparole »Brust raus, Bauch rein!« wird von manchen heute noch als Leitfaden für die einzig richtige Körperhaltung verstanden. Dabei gewinnt ein Körper doch umso mehr Stabilität, je tiefer sich sein Schwerpunkt befindet. Nicht ohne Grund wird in japanischen Kampfkünsten wie Karate oder Aikido von den Schülern verlangt, ihren Geist unterhalb des Bauchnabels oder gar unter den Fußsohlen zu verorten. Allein durch diese geistige Übung erhöht sich schon die Stabilität der Haltung. Wer dagegen den Bauch einzieht und sich in die Brust wirft, mag dem gängigen Schönheitsideal entsprechen, doch eine »gute«, also: entspannte, stabile, der Gesundheit zuträgliche Körperhaltung findet er so nicht.

Beim Zen kommt es darauf an, das Zentrum des Körpers von *oben* nach *unten* zu verlagern. Ich erinnere mich noch an die Frage, die uns der Leiter während meiner ersten Meditationserfahrung stellte: »Wo atmet ihr?« In der Lunge, dachte ich zunächst. Schließlich hob und senkte sich ja meine Brust. Erst als ich mich entspannte, verlagerte sich meine Atmung von der Brust immer mehr in Richtung Bauch. Von da an atmete ich wirklich. Vielleicht zum ersten Mal in meinem Leben.

Wir atmen. Aber wir erzeugen den Atem nicht. Der Atem atmet

für uns. Das Leben lebt durch uns, und unser Atem erinnert uns in jedem einzelnen Augenblick daran. Aber wer von uns, die wir alle meinen, wach und im Moment zu leben, ist sich dessen wirklich bewusst?

Wenn wir gefragt werden, was uns das Wichtigste im Leben ist, antworten wir vielleicht: Gesundheit. Oder: Freunde und Familie. Oder, etwas hedonistischer: Geld und Sex. Auch Kleidung und ein Dach über dem Kopf sind nicht zu verachten, wenngleich sie gute Ernährung nicht ersetzen können. Bertolt Brecht hat für sich das Problem »Wovon lebt der Mensch?« mit einer einzigen Zeile gelöst: »Erst kommt das Fressen, dann kommt die Moral.« Natürlich hat auch er recht. Aber das Fressen kommt erst nach dem Allerwichtigsten, dem Atem. Der Atem ist so wichtig, dass man ihn fast mit dem Fluss der Lebensenergie gleichsetzen kann.

Als ich noch in Tübingen zur Schule ging, gab es einen Running Gag. Wann immer einer seine Aufgaben schneller als alle anderen erledigt hatte und dann den Lehrer fragte, was er als Nächstes tun solle, rief jemand aus der Klasse, meist mit unüberhörbar schwäbischem Zungenschlag: »Schnauf, dass du net verstickscht!« Ein mit der Zeit nur noch müder Scherz, der aber dennoch einen wahren Kern enthielt. Selbst wenn ein Mensch alle Tätigkeit einstellt, wird er doch atmen müssen, um weiterleben zu können.

Doch wir brauchen nicht zu »schnaufen«, um uns selbst vor dem Ersticken zu bewahren. Das Wunderbare am Atem besteht ja eben gerade darin, dass er, so wie die meisten Organfunktionen im gesunden Menschenkörper, tagaus, tagein, wie von selbst einfach geschieht. Im Gegensatz zu ihnen erlaubt es uns der Atem aber, dass wir unsere Aufmerksamkeit bewusst auf ihn richten. So können wir etwa den Atem kontrollieren, uns entscheiden, schneller oder langsamer zu atmen, ja, wir können den Atem sogar für einen kurzen Zeitraum ganz anhalten.

Am schönsten ist es aber, dem Atem einfach zu folgen. Bewusst dabei zu sein, wenn er unseren Körper verlässt, und ihn zu begrüßen, wenn er, ganz von allein, wieder zu uns zurückkehrt.

Essstäbchen,
die zu Waffen werden

Im Westen sagt man:
Der Mensch ist dem Menschen ein Wolf.
Religion muss den Wölfen das Beißen abgewöhnen.
Religion ist kein Gedanke, Religion ist Praxis.

Sawaki Kodo

Meine Großeltern standen beide der Meditation eher kritisch
gegenüber. Sie hielten Zen für eine rein selbstbezogene Sinnsu-
che. Meditation war für sie Nabelschau. Ihnen fehlte die soziale
Komponente dabei, sie vermissten die christliche Nächstenliebe. Heute verstehe ich viel besser als damals, was sie gemeint
haben. Erlösung darf nicht zur spirituellen Selbstbefriedigung
werden. Wenn sich eine Religion nur um Erleuchtung bemüht,
verliert sie den Menschen aus dem Blick. Ich bin meinen Großeltern dankbar, dass sie mir diese Warnung mit auf den Weg
gegeben haben.

Nach all den Jahren in einem buddhistischen Kloster lese ich die Bibel anders als früher. Wo ich einst nichts als Widersprüche wahrnahm, erscheint mir nun die biblische Lehre in verändertem Licht, und ich meine, drei im Christentum wirkende Kräfte zu erkennen.

Die erste Kraft ist der Mensch Jesus, der sich zwar nach oben, zum Himmel wendet, seine Worte aber an die Menschen richtet: »Seht, das Reich Gottes ist mitten unter euch!« Wenn ich die Evangelien lese, erscheint mir Jesus nicht als ein überweltlicher Erlöser. Vielmehr habe ich das Gefühl, einem Suchenden zu begegnen. Einem Menschen, der Gott aus ganzem Herzen lieben wollte und seine Mitmenschen so wie sich selbst. Das erwartete er auch von ihnen. »Nimm dein Kreuz auf und folge mir nach!« kann als Aufforderung an jeden Einzelnen von uns verstanden werden, schon in diesem Leben und auf dieser uns gegebenen Welt an der Erfüllung von Gottes Reich mitzuwirken. Dennoch scheinen viele Christen fest daran zu glauben, das Reich Gottes erst im nächsten, im ewigen Leben erreichen zu können. Und auch das nur, wenn ein gnädiger Gott sie nicht in die Hölle verstößt. Aus unserem kostbaren jetzigen Leben wird so dann nur ein bloßes Vorspiel für ein Jenseits, dessen Stunde niemand kennt.

Die zweite Kraft des Christentums entdecke ich in den Briefen des Paulus. Sie strebt nicht auf Gott zu, sondern geht von ihm aus. Auf der Straße nach Damaskus wird Paulus bekehrt. Er, der sich an der Verfolgung der frühen Christen beteiligt hatte, hört plötzlich die Stimme Jesu: »Warum verfolgst du mich? Es ist sinnlos, dass du gegen mich ankämpfst!« In seinen Briefen schildert Paulus das als eine Todeserfahrung, die ihm die Chance eröffnet hat, in Christus wiedergeboren zu werden. Eine Wiedergeburt im Irdischen, nicht in einem fernen Jenseits.

Die Bedeutung von Paulus' Bekehrung liegt in der Loslösung vom Ich. Wenn ich mich selbst aufgebe, kann ich das Leben führen, das größer ist als all meine Vorstellungen und Erwartungen. Wer am Leben festhält, wird es verlieren. Wer loslässt, gewinnt es. Nur ein zu Boden fallendes Weizenkorn wird keimen.

Die dritte Kraft schließlich öffnet uns die Augen für die Menschen. Während uns die beiden ersten Kräfte in eine persönliche Beziehung zu Gott setzen, finden wir uns nun auf unseren Nächsten verwiesen. Wer Gott liebt, muss auch seine Mitmenschen lieben. Darin liegt unsere soziale Verantwortung. Solange noch ein Mensch an seiner Last trägt, bin ich von meiner nicht befreit.

Auch der Buddhismus kennt diese auf den Mitmenschen gerichtete Kraft. Zwar wird oft gesagt, dem Christentum gehe es um Liebe, dem Buddhismus allein um Weisheit. Doch das stimmt nicht. In seinen Schriften betont Dogen, wie elementar wichtig die Anteilnahme am Schicksal anderer ist:

Es gibt einen einfachen Weg Buddha zu werden: Tue nichts Schlechtes. Halte nicht an Leben und Tod fest. Hab tiefes Mitgefühl mit allem Lebenden. Respektiere die, die vor dir kamen, und nimm dich derer an, die nach dir kommen. Hege keine Abscheu, berge keine Wünsche in deinem Herz, trage dich nicht mit Gedanken und mach dir keine Sorgen. Das nennt man einen Buddha. Suche nach nichts anderem.

Den Geist des Weges zu erwecken bedeutet, diesen einen Wunsch zu entfachen und in die Tat umzusetzen: »Ich will alle leidenden Wesen erlösen, bevor ich selbst die Erlösung finde!«

Umformuliert heißt das: »Ich will nicht zum Buddha werden, bevor nicht alle anderen Buddha sind.« Aber wie soll es einem, der die Erlösung selbst noch nicht gefunden hat, möglich sein, andere zu erlösen? Wenn man sich jedoch klarmacht, dass nur der erlöst ist, der sein eigenes Ich losgelassen und die Illusion allen Selbstbezugs durchschaut hat, versteht man, was Dogen meint.

Wer seine eigene Erlösung über die der anderen stellt, wird sich niemals aus seiner Ich-Bezogenheit befreien. Nur wer für andere darauf verzichtet, ein Buddha zu sein, ist einer. In dem Augenblick, in dem ein Mensch die eigene Erlösung vergisst und sich des Heils der anderen annimmt, wird er erwachen und die Augen öffnen. Dann wird er sagen: »Ich habe so lange nach dem gesucht, was die Weisen als Glück, Wahrheit, Gott, Buddha, Erlösung oder Nirwana bezeichnet haben. Heute habe ich beschlossen, das Suchen zu beenden und stattdessen nur noch für andere da zu sein. Was für ein Wunder! In diesem Vorhaben hat sich mir das Geheimnis offenbart, nach dem ich so lange Ausschau gehalten habe.«

Was kann der so Erwachte konkret tun? Er kann versuchen, in anderen denselben Wunsch zu wecken. Durch eine Kommunikation der Herzen kann er auch seine Mitmenschen dazu motivieren, von ihrem Ich abzusehen. Gelingt ihm das, stößt er eine Kettenreaktion des Erwachens an, die alles verändert. Dann wird aus der Welt des Leidens die Welt des Nirwana und damit der Erlösung.

In Japan illustriert man diesen Gedanken mit einem Gleichnis. Die Welt des Leidens wird darin als eine reich gedeckte Tafel vorgestellt, an der hungrige Menschen sitzen. Leider sind die Essstäbchen, die man ihnen zugeteilt hat, einen Meter lang. Unmöglich, damit die Speisen zum eigenen Mund zu führen. Da sich keiner selbst bedienen kann, verschwenden die Menschen ihre Energie darauf, dafür zu sorgen, dass auch alle anderen nicht zum Essen kommen. Ein Kampf beginnt, die Stäbchen werden zu Waffen, und die Tafel verwandelt sich in ein Schlachtfeld.

Ganz anders dagegen die Welt des Nirwana, in der eine Kettenreaktion des Geistes stattgefunden hat. Hier haben die Menschen begriffen, dass sie zwar nicht selber essen, doch mit den viel zu langen Essstäbchen ihrem Gegenüber etwas anbieten können.

Wenn auch nur eine Person am Tisch ihr Ich zurückstellt, vermag sie einen Prozess in Gang zu setzen, an dessen Ende alle satt und zufrieden sind.

Wer den ersten Schritt macht? Und wann? Die Antwort sollte längst klar sein. Wer, wenn nicht ich? Wo, wenn nicht hier? Und wann, wenn nicht jetzt? Wenn ich den gegenwärtigen Augenblick verstreichen lasse, wird es niemals geschehen.

Obwohl meine Großeltern Zen mit kritischen Augen betrachteten, respektierten sie doch den Weg, den ich einschlug. Während meiner Internatszeit in Braunschweig besuchte ich sie fast jedes Wochenende in ihrem kleinen Haus, um mich mit ihnen auszutauschen. Als ich zum Studium nach Berlin ging, sah ich sie seltener, hielt sie aber immer über meine Erlebnisse auf dem Laufenden.

Am Ende meines ersten Jahres als Mönch schrieb ich ihnen aus Japan einen langen Brief. Es war ein Schock, als ich einige Zeit später eine Postkarte erhielt, auf der mir mein Großvater in der für ihn typischen Mischung aus Sütterlinschrift und lateinischen Buchstaben mitteilte, dass Großmutter drei Monate zuvor gestorben war: »Jetzt wohne ich hier ganz allein ...«

Großmutter war immer für das Haus zuständig gewesen, während der Keller und der Garten, wo er seine Zigarren rauchte, das Reich meines Großvaters waren. Er hatte es geliebt, seine Frau mit den wohlüberlegten Worten zu ärgern: »Wenn *eine* von uns beiden eines Tages sterben sollte, dann zieh *ich* hinaus in die Laube und lass es mir gut gehen!«

Ein paar Jahre später starb auch er, und wieder war es mir nicht möglich, an der Beerdigung teilzunehmen. Wahrscheinlich hätte er das auch gar nicht erwartet. Kaum jemand hatte weniger für Totenkult übrig als mein Großvater, darin war er dem Geist der Bibel treu: »Überlass es den Toten, ihre Toten zu begraben!«

Erst ein Jahrzehnt später schaffte ich endlich den Weg auf den Braunschweiger Friedhof. Ich bat meinen Onkel, der selbst länger nicht mehr am Grab seiner Eltern gewesen war, mir die Stelle zu zeigen. Für eine Weile irrten wir herum, bis wir schließlich das von Unkraut überwucherte Grab fanden. Als ich davorstand, dachte ich an die Botschaft, die mir meine Großeltern vorgelebt hatten und die ich immer beherzigen würde: für die Lebenden da zu sein, nicht für die Toten. Es war schön, mittlerweile zu wissen, dass auch Shakyamuni seinen Schülern nichts anderes ans Herz gelegt hatte: »Überlasst meine Bestattung den Brahmanen. Ihr sollt Euch um Eure eigene Praxis kümmern, nicht um das, was mit meinem Leichnam geschieht.«

Tote Makrelen und
andere Irrtümer

Du willst nicht akzeptieren, was du
akzeptieren musst, und du versuchst das
zu ändern, was sich nicht ändern lässt –
so quälst du dich selbst.

Sawaki Kodo

Es blieb nicht beim einmaligen Versuch mit der Zen-Meditation. Ich ging wieder hin. Und dann noch einmal. Nach einer Weile konnte ich es mir gar nicht mehr vorstellen, *nicht* teilzunehmen. Als der Leiter ein Jahr später das Internat verließ, fühlte es sich ganz selbstverständlich an, sein Nachfolger zu werden und sein Werk fortzuführen.

Da ich nicht über das geringste Hintergrundwissen verfügte, begann ich, die Bibliotheken nach geeigneter Lektüre zu durchforsten. Ich las einfach alles über Zen. Populärwissenschaftliche Einführungen genauso wie die deutschen Übersetzungen des

Pali-Kanons, in dem die mehr als zweitausend Jahre alten buddhistischen Lehren zusammengefasst sind. Auch sonst richtete ich mein Leben neu aus. Mit siebzehn schnitt ich mir meine hüftlangen Haare ab und rasierte mir eine Glatze. Auf einmal hatte sich ein Weg in die Zukunft aufgetan, den ich gehen wollte. Nun wusste ich, dass ich nach dem Abitur in Berlin Japanologie studieren wollte, um später als Mönch in einem japanischen Kloster praktizieren zu können. Das war mein Ziel, und ich war mir sicher, dass ich es erreichen würde.

Kurz vor Beginn des Studiums bekam ich Gelegenheit für einen ersten Abstecher nach Japan. Eine Familie in Utsunomiya, einer Stadt nördlich von Tokio, hatte sich bereit erklärt, mich für drei Monate aufzunehmen. Ich hatte gehofft, von ihnen einiges über den Buddhismus im Allgemeinen und über Zen im Besonderen lernen zu können. Freilich hatte ich nicht bedacht, dass es auch in Japan Christen gibt, die lieber über Jesus oder Luther als über Shakyamuni diskutieren wollen. Leider gehörten meine Gastgeber dazu. So bat ich sie, mir wenigstens ein bisschen traditionelle Musik vorzuspielen, am liebsten Aufnahmen von einer Shakuhachi-Flöte. Der Familienvater erhob sich, zog eine Platte aus dem Schrank und legte sie auf das altmodische Grammophon. Dann sagte er nach einer bedeutungsvollen Pause:

»Hier, hör dir das mal an. DAS ist wahre Musik.«

Ich konnte ihm durchaus beipflichten. Nur entsprach eben das, was aus den Lautsprechern drang, so gar nicht meinen Vorstellungen. Ich war tatsächlich neuntausend Kilometer gereist, um schließlich auf meiner Suche nach Zen-Ursprünglichkeit in einem japanischen Wohnzimmer der »Toccata« von Johann Sebastian Bach zu lauschen. Die alte Geschichte von Hase und Igel.

Noch während des Studiums kehrte ich nach Japan zurück. Ich verbrachte ein Jahr an der Universität in Kyoto, der alten Hauptstadt, in der sich auch viele berühmte Zen-Klöster befinden. Wie ich jedoch bald feststellen musste, öffnen die meisten nur ihre Tore, damit Touristen einen Blick auf die Klostergärten erhaschen können. Gegen Eintritt versteht sich. Wenn ich fragte, ob es vielleicht möglich wäre, am Zazen, der traditionellen Sitzmeditation, teilzunehmen, sah man mich nur groß an:

»Zazen? Dafür haben wir hier keine Zeit. Du kannst es ja bei einem der Priesterseminare in den Bergen versuchen. Aber es ist ziemlich unwahrscheinlich, dass sie da einen Blauäugigen wie dich nehmen.«

Immerhin bekam ich in Kyoto den entscheidenden Tipp. Man erzählte mir von Antaiji, dem Kloster in den Bergen, gleich beim japanischen Meer. Dort, hieß es, lebten eine Handvoll Mönche ein autarkes Leben im alten Stil. Ich hatte Glück. Ich erhielt als ausländischer Student die Erlaubnis, für ein halbes Jahr als Laienbruder am Klosteralltag teilnehmen zu dürfen.

Und so geschah es im September 1990, dass ich zum allerersten Mal den mir später überaus vertrauten Weg nach Antaiji zurücklegte. Die Zugfahrt bis zum Bahnhof Hamasaka, das Umsteigen in den Bus, der sich anschließende Fußweg durch den Wald hinauf zum Kloster. So war es mir zumindest beschrieben worden. Aber der Waldweg existierte nicht mehr. Ein Taifun hatte gewütet, und der starke Regen hatte jeden einigermaßen gangbaren Pfad einfach weggeschwemmt. Ich musste mich buchstäblich durch Schlamm den Berg hinaufkämpfen. Als ich endlich ankam, war ich von oben bis unten von einer nassen, kalten, braunen Schicht überzogen.

Der Abt nahm mich in Empfang. Als Erstes fragte er mich:

»Was willst du hier?«

»Ich wünsche, dass Sie mir etwas über Zen beibringen.«

Die Erwiderung fiel knapp und eindeutig aus:

»Ich bin kein Schullehrer. Du musst Antaiji selbst erschaffen. Antaiji ist immer nur das, was du daraus machst.«

Das Leben als Zen-Mönch verlief anders, als ich es mir vorgestellt hatte. »Antaiji« bedeutet »Tempel des Friedens«. Doch wenn ich vielleicht heimlich mit einem Frieden geliebäugelt hatte, der aus nichts als Meditation und Erweckung bestand, sah ich mich schnell eines Besseren belehrt. Meditation fand zwar statt, aber auch die restlichen Stunden des Tages wurden als Praxis verstanden. Das bedeutet in einem Kloster, das auf Selbstversorgung angewiesen ist, vor allem: Anbau von Reis und Gemüse auf fünfzig Hektar Land sowie das Fällen von Bäumen und das Hacken von Holz, um die Öfen befeuern zu können. Dazu kamen Renovierungsarbeiten am Klostergebäude und, natürlich, das allmorgendliche Saubermachen. Im Sommer, so erzählten es mir die anderen, brannte die Sonne auf die Felder und machte die Arbeit mühselig, im Winter fiel so viel Schnee, dass der Tempel von der Außenwelt abgeschnitten war.

Heute weiß ich, dass Antaiji keine Gemeinde ist. Es gibt auch nur ein Minimum an buddhistischen Zeremonien. Das Leben dort folgt einer einfachen Gleichung: Ein Tag ohne Arbeit ist ein Tag ohne Essen. Die Arbeit und das Essen gehören in Antaiji zusammen. Jede einzelne Handlung findet ihren Grund in der einen Kraft, die uns alle am Leben erhält. Das Leben in Antaiji ist kein Hirngespinst, keine erdachte Utopie, sondern eine Übung, die sich Tag für Tag in der ursprünglichen, reinen Form der Zen-Praxis manifestiert. Jeder, der daran teilnimmt, muss sich in den Dienst der Klostergemeinschaft stellen, ohne dafür eine Belohnung erwarten zu können.

In seinen Schriften gibt Dogen einen Hinweis, wie eng die Lehre des Zen mit dem Ausüben der Praxis verbunden ist:

Als der Zen-Meister Baoche vom Berg Mayu einen Fächer benutzte, trat ein Mönch vor und fragte: »Wind ist seinem Wesen nach beständig, und

*es gibt keinen Ort, den er nicht erreicht. Aus welchem Grund benutzt Ihr
also einen Fächer, Abt?«*

*Der Meister erwiderte: »Du weißt nur, dass das Wesen des Windes be-
ständig ist. Aber das Prinzip, dass der Wind keinen Ort verfehlt, hast du
noch nicht verstanden.«*

Der Mönch fragte: »Worin besteht dieses Prinzip?«

Als Antwort benutzte der Meister seinen Fächer.

Der Mönch verbeugte sich.

Die »Luft«, die in diesem Gleichnis für das Wesen des Buddhas
steht, trägt jeder von uns schon in sich. Doch nur durch die Bewegung des Fächers, also durch alltägliche Praxis, wird sie zum
Wind, der uns trägt. Wer versucht, ohne Praxis die Lehre zu verstehen, ähnelt dem, der hofft, durch bloßes Grübeln über die Beschaffenheit des Windes zu einer frischen Brise zu kommen.

Drei Jahre nach meinem ersten Aufenthalt in Antaiji machte ich
mit einer Arbeit über – wie könnte es anders sein – das Werk
Dogens meinen Abschluss. Kurz darauf wurde ich von meinem
Meister Miyaura Roshi als sein erster nicht-japanischer Schüler
in Antaiji aufgenommen. Ich erhielt einen Namen, den ich mir
selbst ausgesucht habe und den ich bis heute trage: »Muho«, was
so viel heißt wie »keine Richtung«. Weil einem Zen-Mönch eben
alle Richtungen offenstehen und er an jedem Ort nahe der Praxis sein kann. Auch in der Klosterküche.

Gleich zu Anfang meiner Zeit in Antaiji bekam ich den Auftrag,
fürs Mittagessen Udon-Nudeln zuzubereiten. Ich hatte diese Nudeln noch nie zuvor in meinem Leben gesehen und schon gar
nicht gegessen. Also griff ich auf Vertrauteres zurück. Ich versuchte, eine Art Spaghetti al dente hinzubekommen. Das ging
turchterlich schief. Für den japanischen Geschmack fielen die
Udon viel zu hart aus.

Am nächsten Tag bekam ich eine neue Chance. Nun kochte ich die Nudeln eine geschlagene halbe Stunde lang. Das Resultat war ein Pasta-Brei. Was auch immer ich als Koch in den ersten Wochen servierte, ich erntete nur kritische Worte. Irgendwann konnte ich nicht mehr. In mir rumorte es. Ich war doch nicht ins Kloster gegangen, um kochen zu lernen!

Statt mich zu beschweren, hätte ich besser an den alten Koch gedacht, der in der Geschichte Dogens in der Mittagshitze einfach sein Werk verrichtet und sonst nichts. Der seine Arbeit ernst nimmt und ganz im Moment aufgeht. So aber war es an der Zeit, dass mir mein Meister eine Lektion erteilte, indem er mir schlicht bekanntgab:

»Auf dich kommt es hier nicht an.«

Es ging nicht um mein Glück oder meine Zufriedenheit. Auch meine von daheim mitgebrachten Vorstellungen zählten nicht. Beispielsweise war ich immer davon ausgegangen, dass man sich in einem buddhistischen Kloster ebenso vegetarisch ernährte, wie ich es selbst schon seit meiner Jugend praktizierte. Schließlich verbietet es das erste buddhistische Gebot, zu töten, und anders als im Christentum gilt das nicht nur für den Mitmenschen, sondern auch für Tiere und Fische. Daher war ich einigermaßen überrascht, als ich nach noch nicht allzu langer Zeit im Kloster eine gebratene Makrele auf meinem Teller vorfand. Ein Fischer aus dem Dorf hatte die Makrelen dem Kloster gespendet. Er war mit reich gefüllten Netzen vom Meer zurückgekehrt und wollte auch die Mönche in den Bergen an seiner Beute teilhaben lassen.

Ich schob den Teller von mir. Unter keinen Umständen würde ich das Gebot verletzen. Der Mönch, der die Makrelen gebraten hatte, war eine gute Seele. Er würde es gewiss verstehen, dass ich sein Mahl, bei dessen Zubereitung er sich die größte Mühe gegeben hatte, nicht anrühren würde. Aber er dachte nicht daran. Er runzelte die Stirn und erhob seine sonst so ruhige Stimme:

»Kennst du denn die Bedeutung des ersten Gebotes nicht? Es geht nicht um dich. Keiner fragt, ob du diesen Fisch essen willst oder nicht. Die Frage ist: Wie kannst du ihm Leben schenken?«

Es dauerte eine Weile, bis ich verstand, was er meinte. Es kam auf die Einstellung an, mit der ich dem Fisch auf meinem Teller begegnete. In den Augen der Mönche hatte ich durch meine Reaktion nicht nur den Koch beleidigt, sondern auch den gutwilligen, freigiebigen Fischer. Mehr noch, ich tötete den Fisch ein zweites Mal, anstatt ihm ein neues Leben zu schenken, indem ich die Kraft, die er mir später bei der Arbeit auf dem Feld verleihen würde, wertschätzte.

Die beiden Sätze meines Meisters: »Du musst Antaiji erschaffen« und »Auf dich kommt es hier nicht an« gehörten zusammen wie die beiden Seiten einer Medaille. Um das Leben im Kloster verantwortlich und aktiv mitgestalten zu können, musste ich in der Lage sein, von mir und meinen persönlichen Ansichten abzusehen. Nur wenn ich lernte, mich ganz loszulassen, konnte ich einen positiven Beitrag in dieser mir neuen Welt leisten und mir auch selbst immer wieder den Spiegel vorhalten:

Du sagst: »Alles ist fad!«
An wem liegt das, wenn nicht an dir?
Du fragst: »Wer bin ich?«
Sag mir, wer stellt die Frage?
Du sagst: »Ich weiß es nicht.«
Genau *das* bist du!
Du fragst: »Was soll ich tun?«
Gute Frage. An wen ist sie gerichtet?
Du fragst: »Was ist der Sinn des Lebens?«
Wie viel Sinn *gibst* du ihm?
Du fragst: »Was passiert, wenn ich krank werde?«

Im schlimmsten Fall wirst du sterben. Aber auch das ist
nur halb so schlimm. Der Tod heilt jede Krankheit.
*Du sagst: »Aber ich will doch noch so viel mehr aus
dem Leben herausholen!«*
Sag mir lieber: Wie viel *gibst* du von dir dem Leben?

A nice day for
a white wedding

Der Buddhismus ist keine Ideologie.
Die Frage, die er stellt, lautet:
»Was fange ich mit mir selbst an?«

Sawaki Kodo

Man muss in Japan sehr lange suchen, bis man jemanden findet, der sich als religiös bezeichnet. Niemand bekreuzigt sich, man hört keine Schwüre im Namen Gottes oder Buddhas, auch keine Stoßgebete, schon gar kein Fluchen. Religionsunterricht in einer öffentlichen Schule verstieße gegen die strikte Trennung von Kirche und Staat. An so etwas wie die Kirchensteuer ist erst recht nicht zu denken.

In Japan gehört nicht das Individuum, sondern die Familie einer Religion an. Fragt man einen Japaner nach seinem Glauben, antwortet er höchstwahrscheinlich mit einem Achselzucken: »Was mich selbst betrifft, so mache ich mir eigentlich nichts aus Religion. Aber meine Familie ist buddhistisch. Wenn ich mich noch recht erinnere, gehören wir dem Amida-Buddhismus an. Oder war es doch der Zen-Buddhismus? So genau weiß ich das gar nicht.«

Beinahe jeder japanische Haushalt ist bei einem der buddhistischen Tempel registriert, von denen es im ganzen Land insgesamt 75.000 gibt. Keine kleine Zahl, bedenkt man, dass in Deutschland schon vor über zwanzig Jahren nur noch 45.000 Kirchen existierten. Mittlerweile dürften ein paar weitere geschlossen worden sein und nun einem anderen Zweck dienen, umfunktioniert zu rein weltlichen Kulturzentren oder Begegnungsstätten.

Rund ein Viertel der Tempel in Japan zählt zur Zen-Richtung. Der Amida-Buddhismus, der die Erlösung des Menschen durch den Buddha Amitabha predigt, stellt weitere 20.000 Tempel, den Rest teilen sich kleinere Schulrichtungen, die sich durch verschiedene Interpretationen der Schriften und jeweils andere Schwerpunkte in der Praxis unterscheiden. Wie es der Name schon vermuten lässt, wird beispielsweise Zazen ausschließlich im Zen-Buddhismus praktiziert.

In den ersten Jahrhunderten nach seiner Einführung im Jahr 604 diente der vor allem dem Staat. Er beglaubigte den Verhaltenskodex, an dem sich die Staatsbeamten orientieren mussten, und lieferte die Rituale, nach denen für das Wohl des Kaiserhauses oder für reiche Ernteerträge gebetet wurde. Erst nach und nach gelangten buddhistische Strömungen nach Japan, deren Aufmerksamkeit sich darauf richtete, den Einzelnen von Leid zu befreien. In ihnen wurden zum ersten Mal auch Formen der Meditation im Sitzen geübt.

Wenn sich nun heute die meisten Japaner als nicht religiös verstehen, ihre Familien aber dennoch einem buddhistischen Tempel angehören, dann findet man die Gründe dafür tief in den Abgründen der Zeit. Im 17. Jahrhundert reagierte die japanische

Regierung auf europäische Versuche, das Land christlich zu missionieren, mit einem generellen Verbot des Christentums und dem Abbruch aller Handelsbeziehungen zu Europa.

Wer bis dahin dem Christentum angehört hatte, musste sich von der Religion lossagen. Vor aller Welt musste er ein Marienbildnis mit Füßen treten. Christen wurden gefoltert oder gar hingerichtet, wenn sie sich von ihrem Glauben nicht lossagten. Und alle, auch die Nicht-Christen, wurden gezwungen, sich der Gemeinde ihres lokalen buddhistischen Tempels anzuschließen. Von da an übernahmen die Priester weniger seelsorgerische als vielmehr administrative Funktionen. Jeder, der sich auf eine Reise begeben wollte, musste ein vom Priester ausgestelltes Dokument mit sich führen, das ihn als Gemeinde-Mitglied auswies. Wer nicht offiziell als Buddhist anerkannt war, stand außerhalb des Gesetzes.

Noch heute findet man in den Tempeln umfangreiche alte Familienregister mit Aufzeichnungen der Geburten, Hochzeiten und Todesfälle in einer bestimmten Gemeinde. Die Priester wurden damals aber auch zu Lehrern, die den Menschen nicht nur die Weisheiten Buddhas erläuterten, sondern zusätzlich Lesen, Schreiben und Rechnen beibrachten.

Zwei Jahrhunderte dauerte Japans Isolierung vom Westen. Erst Mitte des 19. Jahrhunderts öffneten sich die Grenzen wieder. Nun sollte in kürzester Zeit der Rückstand in Wissenschaft und Technik gutgemacht werden. Überall gab es Nachholbedarf: Wirtschaft, Medizin, Rechtsprechung, Staatskunde, Militärwesen. Nicht jedoch in der Religion. Das Christentum schien sich in der Zeit der Abschottung ohnehin kaum fortentwickelt zu haben, dementsprechend gering fiel das Interesse an christlicher Praxis aus. Das Können sollte verwestlicht werden, die Seele konnte japanisch bleiben. Die Japaner waren beim Schritt in die Moderne mit dem zufrieden, was ihrem Geist seit eh und je Halt verlieh.

Im Zuge der Modernisierung büßten allerdings auch die buddhistischen Priester einen Teil ihrer Macht ein. Sie verloren ihre administrativen Aufgaben. Jedem Japaner stand es fortan frei, sich seinen buddhistischen Tempel selbst zu wählen, wenn er nicht lieber Shintoist werden oder sich dem Christentum zuwenden wollte, was jedoch kaum einer tat.

Heute findet sich zwar in fast jedem japanischen Ort eine christliche Kirche, es gibt auch viele christliche Kindergärten und Schulen, und einige der besten Privatuniversitäten werden von der Kirche betrieben. Trotzdem bekennen sich gegenwärtig nur wenig mehr als ein Prozent der Japaner zum Christentum. Vielleicht ist es der kämpferische Geist und Eifer mancher missionierender Gruppen, der die Menschen abschreckt? Vielleicht aber bietet auch der zornige Gott des Alten Testaments zu wenig Identifikationspotential. In der japanischen Gesellschaft ist die Sehnsucht nach der liebenden, fürsorgenden Mutter ausgeprägter als die nach dem strengen, richtenden Vater.

Überraschenderweise bevorzugt jedoch jedes zweite heiratswillige japanische Paar eine christliche Trauzeremonie. Vom Tausch der Ringe in einem buddhistischen Tempel hat man dagegen noch nie etwas gehört. Wieso aber schwören sich die Japaner die Treue vor einem Gott, an den sie gar nicht glauben? Die Antwort hat mehr mit Hollywood als mit einer höheren Macht zu tun: Ein weißes Hochzeitskleid macht für die Braut einfach mehr her als der altmodische Kimono, den sie bei einer traditionellen Hochzeit im japanischen Stil tragen müsste. Wenn es unter die Haube geht, soll es daher nach Möglichkeit eine »white wedding« sein.

Klugerweise befragt ein christlicher Pfarrer in Japan das vor ihm stehende Paar erst gar nicht nach seinem Glauben. Dass die beiden nach der Hochzeit nie wieder bei ihm im Gottesdienst erscheinen werden, weiß er von vornherein. Aber da es in Japan nun mal keine Kirchensteuer gibt, sind die Spenden, die eine

Hochzeit mit sich bringt, eine nicht zu verachtende Einkommensquelle. Bei allen Differenzen – die Kleriker im Buddhismus wie im Christentum scheinen sich in einem Grundsatz völlig einig zu sein: Man muss nehmen, was man kriegen kann. Nicht zuletzt aufgrund der kirchlichen Trauungen hat das Christentum heute seine Nische im japanischen Alltag gefunden.

Bei den Beerdigungen sieht es anders aus. Selbst die wenigen getauften japanischen Christen verfügen nicht selten, nach ihrem Tod von einem buddhistischen Priester im Familiengrab beigesetzt zu werden. Auch die Anhänger des Shintoismus, den man als eine japanische Form des Schamanismus bezeichnen kann, rufen bei einem Todesfall in der Familie fast alle sofort nach einem buddhistischen Priester. Selbst Shinto-Priester haben ihr Grab oft in einem buddhistischen Tempel.

Kein Japaner versteht Religionszugehörigkeit als etwas Ausschließliches. Monotheismus steht nicht sehr hoch im Kurs. Die Religionen verhalten sich eher so wie die Speisen auf einem bunt gedeckten Esstisch: eine Schale mit Miso-Suppe, dazu mehrere Teller mit Schnitten von rohem Fisch, leicht gedünstetes Gemüse, Tofu, Frittiertes, ein kleiner Salat, auch ein wenig Fleisch, gekocht oder gebraten, in Salz eingelegter Rettich ... Einige dieser Gerichte werden salzig, andere scharf, wieder andere süß zubereitet. Was genau auf den Tisch kommt, hängt auch von der Jahreszeit ab, aber eine Mahlzeit wird immer aus mindestens vier oder fünf, vielleicht sogar mehr Gerichten bestehen, die nicht in Gängen nacheinander, sondern parallel gegessen werden. Ein Japaner würdigt dabei jede einzelne Speise ihres besonderen Geschmacks, und es wird Wert darauf gelegt, alles aufzuessen, auch die Speisen, die man nicht so sehr mag.

Bleibt man im Bild, erinnert ein Monotheist an jemanden, der zu jeder Mahlzeit dasselbe Hauptgericht serviert und zum Ärger seiner Tischgenossen auch darauf besteht, dass die anderen sich seinen Gewohnheiten fügen. Weil es seiner Meinung nach eben nur *einen* richtigen Geschmack gibt. Der Rest ist falsches Essen.

Als Abiturient besuchte ich während eines Schulausflugs in die Alpen einmal eine katholische Messe. Bewegt von der Andacht in der kleinen Kapelle trat auch ich damals aus meiner Bank nach vorn, um am Abendmahl teilzunehmen. Nach der Messe sprach mich der Pfarrer an. Als er hörte, dass er es mit keinem Katholiken zu tun hatte, rief er erschrocken aus: »Aber das geht doch nicht! Dann hättest du nicht am Abendmahl teilnehmen dürfen.«

Derartiger Engstirnigkeit, mit der manche Monotheisten für die Wahrheit ihres Gottes streiten, ohne dabei erkennen zu wollen, dass ihr Nachbar an eine ganz andere, aber nicht weniger wahre Wahrheit glaubt, ziehe ich das Neben- und Miteinander der Religionen in Japan, wie verwirrend es zunächst auch erscheinen mag, jederzeit vor. In Bezug auf Religion nicht in Kategorien wie richtig oder falsch zu denken, ist mir äußerst sympathisch.

Ich will aber nicht verleugnen, dass auch ich ab und zu monotheistische Anwandlungen verspüre. Dann kann ich mir einen ironischen Seitenhieb in Richtung meiner japanischen Freunde nicht verkneifen: »Gut, ich habe ja Respekt vor dem umfangreichen Angebot auf eurem ›religiösen Speisetisch‹. Aber wo bleibt die Hauptspeise? Ihr könnt euch doch nicht nur von Beilagen ernähren!« Manchmal kommt es mir vor, als seien für den durchschnittlichen Japaner nicht nur das Christentum, sondern auch Shintoismus und Buddhismus nur kleine Häppchen für zwischendurch. Sie stillen zwar den ärgsten Hunger. Aber wirklich satt machen sie nicht.

Seit der Öffnung der Grenzen sind fast 150 Jahre vergangen. Japan hat lange schon den Anschluss an den Westen geschafft. Das Land, das westliche Technik einst so gierig importiert hatte, ist inzwischen selbst zu einem Exportriesen geworden. Nicht nur Autos und Elektronik kommen aus Japan in die Welt. Judo und Karate haben ihren Weg ebenso zu uns gefunden wie die typische japanische Teezeremonie oder die Anime-Kultur. Natürlich kennt man inzwischen überall auch den Zen-Buddhismus. Wahrscheinlich existieren nur noch wenige Gegenden in der westlichen Gesellschaft, die über kein buddhistisches Zentrum verfügen. Selbst wer nicht direkt neben einem Zen-Meister wohnt, wird einen buddhistischen Lehrer finden können, wenn er einen sucht.

Zen ist Trend geworden und gehört insbesondere für gutsituierte Großstädter zum Lifestyle dazu. Man kann von einem »Bindestrich-Zen« sprechen. Es gibt Zen-Musik, Zen-Tee, Zen zum Relaxen und Zen, um seine Leistung zu steigern. Zen für Manager, Zen für Aussteiger, Zen für die Gattinnen reicher Männer, die sich langweilen, weil die Kinder flügge geworden sind. Zen für Psychotiker und Zen für Psychologen. Zen für alles und jeden. Zen als Synonym für ein Produkt, das maßgeschneiderte Wellness verspricht. Besserfühlen auf Knopfdruck, zudem mit dem nötigen Hipster-Faktor ausgestattet, mit dem sich im Freundeskreis etwas hermachen lässt. Wahrscheinlich bin ich nicht der Einzige, der diese Entwicklung mit Sorge betrachtet. Leider steht es in Japan um den Buddhismus kaum besser.

Dort haftet ihm der Ruch des Altmodischen an. Obwohl wahrlich kein Mangel an Tempeln herrscht, wird in den allerwenigsten davon die Lehre Shakyamunis gepredigt oder Meditation geübt. Das liegt zum einen am fehlenden Enthusiasmus der Priester, zum anderen an der geringen Nachfrage, besonders unter jungen Japanern. Zwar geht auch in Deutschland die Zahl der Kirchenbesucher Jahr für Jahr zurück, aber in den meisten Kirchen wird eben doch noch mindestens einmal wöchentlich ein Gottesdienst abgehalten, an dem die älteren Gemeindemitglieder eher freiwillig und die jungen Konfirmanden eher pflichtschuldig teilnehmen.

Dagegen besuchen die Japaner außer an ganz bestimmten Tagen des Jahres, beispielsweise zur Tag-und-Nacht-Gleiche oder zum O-Bon-Fest im Sommer, nur selten den buddhistischen Tempel, dem ihre Familie angehört. Sie legen keinen großen Wert darauf, eine Predigt zu hören oder eine Anleitung zur Meditation zu erhalten. Wenn sie überhaupt zum Tempel gehen, dann um die Gräber ihrer Vorfahren zu besuchen. Aus diesem Grund fühlen sich die Tempelpriester, die einst so etwas wie Dorfvorsteher oder Bürgermeister gewesen waren, heute nur noch für Beerdigungs- und Gedenkzeremonien verantwortlich. Alle anderen Funktionen hat ihnen die örtliche Beamtenschaft abgenommen. Die eigentliche buddhistische Praxis wie Zazen oder das Studium der Lehre sind fast völlig in Vergessenheit geraten.

Weil zudem mit der Öffnung des Landes das Zölibat, das bis dahin für alle Mönche gegolten hatte, abgeschafft wurde, sieht nun jeder Priester im ältesten Sohn seinen potentiellen Nachfolger, und zwar ganz egal, ob der ein Interesse am Buddhismus hegt oder nicht. Wer in einem Tempel geboren wird, dem bleibt oft nichts anderes übrig, als seinerseits Priester zu werden. Wenn er sich dann die Roben anlegt, um den ›Familienbetrieb‹ vom Vater zu übernehmen, muss er sich wie ein Schauspieler fühlen, der zum ersten Mal ein neues Kostüm anprobiert. Für die meisten Priester wird so der Beruf zu einer Rolle, mit der sie sich kaum oder gar nicht identifizieren. Damit stimmt bei vielen buddhistischen Tempeln nur noch die Verpackung. Den Inhalt, für den sie einmal standen, sucht man vergebens.

Internet im Kloster

Lebe dein Leben, indem du dich auf den
Standpunkt deiner Eltern stellst, auf den Standpunkt
deiner Frau, auf den Standpunkt deiner Kinder.
So wirst du in deinen Eltern, deiner Frau,
deinen Kinder dir selbst begegnen.

Sawaki Kodo

Ursprünglich hatte mein Plan vorgesehen, nach dem Abschluss
der Klosterausbildung direkt wieder zurück nach Deutschland
zu gehen, um dort Zen zu lehren. Aber irgendwie fühlte sich das
nicht richtig an. Ich konnte mich nicht damit abfinden, dass der
Buddhismus in Japan zu einem Beerdigungsritual verkommen
ist. Dass die Japaner zwar ihre Toten als Buddhas verehren, aber
nichts übrig haben für die lebendige Lehre, die dem historischen
Buddha Shakyamuni doch so wichtig gewesen war. Vielleicht
bedurfte es gerade eines Nicht-Asiaten, um die Neugier der Japaner an ihrer eigenen Religion zu wecken. Außerdem wollte ich

dem Land, das mich so gut aufgenommen hatte, etwas zurückgeben. Ich wollte eine Schuld begleichen.

Daher schlug ich am 13. September 2001, zwei Tage nachdem die Welt in ihrem Lauf kurz angehalten hatte, um danach eine andere zu sein, meine Zelte in Osaka auf. Das ist durchaus wörtlich zu verstehen. Ich errichtete zwei Zelte im Schlosspark der zweitgrößten Stadt Japans. Meine Nachbarn waren achthundert Obdachlose, die sich dort bereits seit Längerem niedergelassen hatten und mit denen ich fortan das Licht, den Himmel und so manche Hoffnung teilte.

Meine Zelte standen unter Bäumen. Eines war gerade groß genug, um darin zu schlafen. In dem anderen bewahrte ich neben meinen Habseligkeiten auch ein Dutzend Sitzkissen auf. Denn das war die Absicht: Mitten in der Großstadt wollte ich eine Zen-Gruppe ins Leben rufen. Ein loser Verbund von Menschen, die jeden Morgen und samstags auch abends zusammen meditierten. Die restlichen Stunden des Tages gehörten mir ganz allein.

Natürlich wäre es bequemer gewesen, für solch ein Vorhaben einfach passende Räumlichkeiten anzumieten. Aber dafür fehlte mir das Geld. Und überhaupt: Hatte nicht Shakyamuni seinen Palast verlassen, um unter Bäumen zu meditieren? Auch Diogenes in seiner Tonne fiel mir ein. Nicht die schlechtesten Ahnherren. Vielleicht fand sich ja sogar jemand, den ich bitten konnte, mir aus der Sonne zu gehen.

Anfangs saß ich fast nur allein auf meiner Reisstrohmatte, um mich herum die zwölf ausgebreiteten Kissen, die leer blieben. Wenn es dann auch noch in Strömen regnete, dachte ich schon mal daran, das Projekt ganz aufzugeben. Doch dann fand ich ein kostenloses Internetcafé, das mir die Möglichkeit gab, mein Anliegen in die Welt hinaus zu posten: »Ich bin ein 33-jähriger Deutscher, der jeden Morgen ab 6:00 Uhr im Schlosspark von Osaka meditiert. Wer will mir dabei Gesellschaft leisten?«

Es klappte. Immer mehr junge Japaner kamen zur morgendlichen Meditation. Sie kamen und sie gingen. Aber eine blieb. Tomomi. Nachts arbeitete sie in einer Bar im Vergnügungsviertel der Stadt, ihr morgendlicher Heimweg führte direkt durch den Park. Sie meditierte mit mir, und danach saßen wir auf der Schlossmauer und tranken Tee, während Osaka endgültig erwachte. Wir waren wie aus der Zeit gefallen. Um keinen Preis hätten wir unser endloses Gespräch unterbrochen. Ich wollte Tomomi nicht mehr gehen lassen, die so gut darin war, mich von meinem Zen-Thron zu holen. Die mir zeigte, dass Gott und die Welt zusammengehören und die mir die unmöglichsten Fragen stellte, so wie die nach der von Mönchen bevorzugten Unterwäsche. Ich wollte Tomomi nicht mehr gehen lassen und schaffte es tatsächlich, dass sie zu mir in mein Zelt zog. Ich hatte mich bis über beide Ohren in sie verliebt.

Aber durfte ich das überhaupt? Natürlich wusste ich, dass der japanische Staat das Zölibat offiziell abgeschafft hatte. Nur änderte das nichts an den buddhistischen Geboten, die Mönchen nicht nur Sex untersagten, sondern auch jegliche romantische Beziehung.

Obwohl ich zu diesem Zeitpunkt meinen Glauben an den Gott des Christentums längst abgelegt hatte, erinnerte ich mich an die Worte des Paulus aus dem Römerbrief: »Denn das steht fest: Mit Taten, wie sie das Gesetz verlangt, kann kein Mensch vor Gott als gerecht bestehen. Durch das Gesetz lernen wir erst die ganze Macht der Sünde kennen.« Ein Protestant wird nicht durch seine Werke oder das Einhalten der Gebote gerecht vor Gott. Stattdessen ist es gerade das Erkennen der Sünde, das ihm den Glauben an Gott ermöglicht. Er dient Gott in dessen Geiste und nicht nach den Buchstaben des Gesetzes.

Im Buddhismus spielt der Glaube an einen Gott keine Rolle, es kommt allein auf die eigene Übung an und die Befreiung aus der

Ich-Bezogenheit. Mit dem sturen Einhalten von Geboten steht man sich dabei oft selbst im Weg. Auch wenn ich ganz und gar enthaltsam gelebt hätte, wäre ich dadurch ein besserer Mönch geworden? Wohl nicht. Wahrscheinlich säße ich dann heute noch in meinem Elfenbeinturm, von dessen Spitze aus ich meine Predigten halten würde: »Seht mich an, ihr armen Sünder. Seht genau hin. So und nicht anders sieht ein wahrer Mönch aus.«

Tomomi und ich sind seit fünfzehn Jahren verheiratet. Zum Glück hat sie nicht damit aufgehört, mir den Spiegel vorzuhalten. Sie ermahnt mich, die Dinge, die ich anderen so dringlich nahelege, auch selbst zu beherzigen. Ihre Unbestechlichkeit, was alles Religiöse angeht, hat sie seit dem Tag unserer Hochzeit ein ums andere Mal unter Beweis gestellt.

Für eine Heirat nach japanischem Recht ist neben Pass, Familienbuch und Geburtsurkunde auch ein von den deutschen Behörden ausgestelltes Ehefähigkeitszeugnis erforderlich. Aus ihm soll hervorgehen, dass jemand überhaupt zu heiraten in der Lage ist, sprich: sich nicht als bereits anderweitig verehelicht herausstellt. Für einen Ausländer kann es recht knifflig sein, den Beweis zu erbringen, dass nicht bereits eine oder auch mehrere andere Damen in der Südsee berechtigt sind, sich als seine »Ehefrau« zu bezeichnen. In meinem Fall dauerte es fast ein halbes Jahr, bis ich alle Formulare ordentlich gestempelt, unterschrieben, übersetzt und beglaubigt zusammenhatte. Als es dann so weit war und man uns endlich offiziell zu Frau und Mann erklärt hatte, gingen wir aufs Konsulat in Osaka, um unsere Heirat auch nach deutschem Recht registrieren zu lassen. Der zuständige Sachbearbeiter stellte uns routiniert jene Frage, die einem seiner japanischen Kollegen nicht im Traum eingefallen wäre:
»Welcher Religion gehören Sie an?«

Meine Antwort lautete natürlich:

»Ich bin ein Zen-Buddhist!«

Tomomi hingegen sah den Bearbeiter nur erstaunt an, ehe sie ihm kurz und knapp beschied:

»Religion? Nein, danke.«

Der Frage nach dem Zölibat, die mir oft gestellt wird, schließt sich meistens eine zweite, allgemeiner gehaltene an: Wie »weltlich« gestaltet sich das Leben eigentlich in einem buddhistischen Kloster? Eigentlich verstehe ich diese Frage gar nicht. Die Leute scheinen wie selbstverständlich davon auszugehen, dass alles außerhalb des Klosters »die Welt« sei, die »wahre« und »richtige« Welt. Innerhalb des Klosters aber sei den Mönchen die Welt abhandengekommen. Sie lebten quasi »weltlos«.

Dabei ist die Welt da, wo Menschen sind. Jeder von uns trägt die ganze Welt in sich. Zen bedeutet nicht Flucht. Ein Kloster weist keinen Weg, der aus der Welt herausführt. Es hilft dabei, einen Weg zu finden, *in* dieser Welt zu leben.

Viele unserer Neuankömmlinge sind anfangs erstaunt, wenn sie hören, dass es in Antaiji Internet gibt. Wi-Fi, verfügbar für jeden Bewohner. Beinahe empört sie das, hatten sie doch den langen Weg in die Berge auf sich genommen, weil sie endlich frei von den Versuchungen der Gesellschaft leben wollten. Ich glaube aber nicht, dass sich ein Zen-Mönch von der Welt abkapseln sollte. Anders als im Christentum bedeutet im Zen das Klosterleben eine Praxis auf Zeit. Früher oder später wird jeder Bewohner in seinen Alltag zurückkehren. Der Aufenthalt im Kloster soll ihm dazu dienen, sich in Ruhe einen Überblick über die Landschaft des Lebens zu verschaffen, um danach in der Welt festen Schrittes weiter voranschreiten und auch anderen den Weg weisen zu können. Nicht zuletzt deshalb wäre es geradezu falsch, im Kloster den Kontakt nach außen ganz abreißen zu lassen.

Für ein Kloster eher ungewöhnlich erscheint auch die Tatsache, dass in Antaiji Frauen und Männer zusammenleben. Ein verheirateter Abt, wie ich es bin, wäre in einem christlichen Kloster natürlich undenkbar, aber dass Mönche und Nonnen gemeinsam unter einem Dach praktizieren, ist auch für Japaner gewöhnungsbedürftig. Normalerweise wird von den Klosterbewohnern erwartet, für die erste Zeit ihrer Ausbildung – und die kann bis zu zehn Jahre dauern – einer Liebesbeziehung zu entsagen. Dafür gibt es durchaus nachvollziehbare Gründe.

Jeder weiß, was für Zeit und Energie es kostet, eine Beziehung zu pflegen. Besonders in den ersten Jahren im Kloster sieht sich eine Nonne oder ein Mönch einer Vielzahl von Problemen gegenüber, jede weitere Ablenkung wäre womöglich eine zu viel. Nicht weil sich die romantische Liebe von der Liebe im religiösen Sinn so sehr unterscheidet. Das tut sie nämlich gar nicht. Die beiden Empfindungen sind sich sogar sehr nah.

Kein Mensch lebt für sich allein, sondern jeder einzelne bewegt sich in einem größeren Zusammenhang. Als Kinder sind wir auf unsere Eltern angewiesen. Später definieren wir uns über unsere Partner und unseren Freundeskreis. Selbst wenn wir meinen, auf eigenen Füßen zu stehen, sind wir letztlich doch nur ein kleines Rad in dem großen Gefüge, das wir »die Welt« nennen. Unser Dilemma besteht aber darin, dass wir uns in dieser Welt niemals wirklich zuhause fühlen. Zu oft stürzt alles ein, was wir für fest gehalten haben. Dabei wollen wir immer nur geliebt werden und selbst lieben. Im Kloster ist es ganz genauso. Allerdings versuchen wir dort, das Ich nicht ins Zentrum zu stellen. Solange sich bei der Liebe alles nur um *mich* dreht, ist es keine. Liebe verwirklicht sich, indem man sich selbst vergisst. Erst dann versteht man, wonach es die anderen verlangt.

Auch die romantische Liebe fragt: »Was kann ich für dich tun?« Und eben nicht: »Was kannst du für mich tun?« Aber ihr Radius ist so klein. Zwei, die hoffen, sich in der Umarmung des anderen selbst wiederzufinden. Alles außerhalb dieser Umarmung verliert an Wichtigkeit. Das geht gut. Lange, vielleicht sehr lange. Bis die Ausschließlichkeit doch wieder der Neugier nachgibt, ob es nicht irgendwo eine andere, aufregendere Ausschließlichkeit gibt.

Die Klosterbewohner sollten für einige Jahre auf romantische Liebesbeziehungen verzichten, damit sie sich als Teil der Gemeinschaft selbst vergessen können. Natürlich straft die Realität so manch guten Vorsatz hin und wieder Lügen. Gefühle lassen sich nicht immer rational steuern. Auch in Antaiji haben sich mehr als nur einmal eine Nonne und ein Mönch ineinander verliebt. Es ist sogar vorgekommen, dass ein Mönch sein Herz gleichzeitig an zwei Nonnen verschenkt hat.

Wenn dann die Gefühle wieder erkalten, fühlen sich alle Beteiligten betrogen, und die Welt rutscht weg ins Bodenlose. Aber gar nicht mal so sehr der Liebeskummer der jungen Nonnen und Mönche ist der Grund, warum romantische Beziehungen zwischen ihnen nicht gern gesehen werden. Es ist die Veränderung in der Gruppendynamik, die jede sich anbahnende oder zerbrechende Beziehung mit sich bringt. Verliebt zu sein oder an Liebeskummer zu leiden, stört das Zusammenleben in der Gemeinschaft. Durch eine Einsamkeit zu zweit geht der Kontakt zu den anderen verloren, die die Liebenden wieder auffangen müssen, wenn der Traum endgültig vorüber ist. Man kennt das Problem aus WGs oder auch von Liaisons am Arbeitsplatz.

Doch handelt es sich dabei um eher flüchtige Zweckgemeinschaften. Im Kloster dagegen lebt man rund um die Uhr mit denselben Menschen zusammen, was zu einer deutlichen Intensivierung zwischenmenschlicher Spannungen führt. Der Verzicht auf romantische Beziehungen kann als Maßnahme verstanden werden, das langfristige Zusammenleben nicht zu gefährden. Das sage ich, obwohl ich selbst verheiratet bin.

In der katholischen Kirche soll das Zölibat den Priestern im besten Fall ermöglichen, ihre ganze Zeit und Energie und Liebe für die Gemeinde aufzuwenden. Wenn es funktioniert, ist es eine gute Sache. Wenn es hingegen zu sexueller Perversion hinter den Kulissen führt, muss man sich ganz genau überlegen, ob die Abschaffung des Zölibats nicht die bessere Lösung wäre.

Ich denke, dass es verschiedene Antworten dafür gibt, warum auch im Buddhismus das Zölibat für Mönche ursprünglich vorgesehen war. Zum einen spielte sicherlich die Lehre der Befreiung vom Leiden eine Rolle – zumal wenn man die Begierde als Ursache des Leidens identifiziert. Man könnte nun einwenden, dass auch das Zölibat Leiden schafft, indem es das natürliche sexuelle Bedürfnis unterdrückt. Nach orthodoxem buddhistischem Verständnis kann man sich jedoch vom Leiden nicht durch schlichtes Ausleben seiner Begierden befreien. Vielmehr müssen sie erstickt oder zumindest verringert werden.

Von Begierden wie Hunger und Durst werden wir uns nie ganz befreien können. Man muss deshalb aber nicht zum Vielfraß werden, sondern kann auch mit wenig zufrieden sein. Beim Sex liegt der Fall anders. Es ist noch keiner am Verzicht auf Sex gestorben. Deshalb wird auch heute noch von den meisten buddhistischen Mönchen außerhalb Japans Enthaltsamkeit erwartet. Das betrifft im Übrigen auch die Selbstbefriedigung.

Wirtschaftliche Gründe sprachen ebenfalls für das Zölibat: Ein Mönch allein braucht nicht viel zum Leben. Wenn er morgens Almosen sammeln geht, wird er schnell genug beisammenhaben, damit es fürs Essen reicht. Den Rest des Tages kann er sich dann in aller Ruhe der Meditation widmen. Hat er dagegen für eine ganze Familie sorgen, muss er sich nach anderen Wegen des Geldverdienens umsehen. Doch dann gerät er in Konflikt mit dem Ideal des Mönchslebens, das den Verzicht auf Besitz vorsieht. Ein Mönch sollte keine Geldsorgen haben.

Nicht nur finanziell kann eine Familie für ihn zur Belastung werden. Kinder interessiert es kaum, sehen sie ihre Eltern beschäftigt. Sie brauchen alle Aufmerksamkeit sofort und werden sich von einem gerade meditierenden Vater nicht beeindrucken lassen. Mit Leib und Seele Familienvater zu sein, bedeutet fast zwangsläufig, Abstriche in der Zen-Praxis zu machen. Der Verzicht auf das Zölibat führt zum Eingehen vieler Kompromisse. In meinem eigenen Leben erfahre ich, wie schwer es sein kann, Familie und das Amt des Abtes unter einen Hut zu bekommen. Aber ob ich persönlich deshalb enthaltsam leben könnte, daran habe ich so meine Zweifel.

Vor dreizehn Jahren wurde meine Tochter geboren, zwei Söhne folgten. Das Leben hat bei mir nicht Halt gemacht, sondern es geht weiter seinen Gang. So wie ein Blatt, das am Ende des Herbstes vom Baum des Lebens fällt, Platz für einen neuen Zweig macht. Die fallenden Blätter kehren ins Erdreich zurück und nähren die Wurzeln des Lebensbaums.

Ich glaube nicht, dass meine Kinder ebenfalls den Zen-Weg einschlagen werden. Das erwarte ich aber auch nicht. Ich hoffe nur, dass sie in einer neuen Dimension, die ich nicht kennen kann, über mich hinauswachsen werden. Wie das geschehen wird, weiß ich nicht. Das Leben wird sich in ihnen auf eine Weise realisieren, die mir vielleicht sogar fremd sein wird. Jeder Mensch ist ein anderes Instrument, und das Leben spielt jedes Instrument auf seine Weise.

Was für meine Aufgabe als Abt im Kloster gilt, trifft in großen Teilen auch auf die Rolle des Vaters zu. Dogen schrieb einmal:

Ein Schüler ist wie ein Stück Holz, der Meister ist wie ein Handwerksmeister. Selbst erstklassiges Material wird seine Schönheit nicht offenbaren, solange es nicht in die richtigen Hände gerät. Umgekehrt erschei-

nen selbst bei einem krummen Holz wunderbare Züge, wenn es ein guter Handwerker bearbeitet.

Mit Recht wird man daran zweifeln, ob diese Art der Erziehung noch zeitgemäß ist. Längst überwunden scheint die Vorstellung, man könne Kinder erziehen, indem man sie fast gewaltsam nach seinen eigenen Maßstäben formt. Aber darum geht es Dogen gar nicht. Meiner Meinung nach ist sein Gedanke weniger den Alten als den Jungen zugeneigt. Eine Generation ist für die nächste verantwortlich. Wer über die Jugend klagt, sollte sich fragen, von wem diese Jugend gelernt hat. Oft sagen Eltern: »Das kannst du nicht von mir geerbt haben!« Aber von wem denn dann? Eltern müssen sich ihrer Verantwortung bewusst werden. Und der Lehrer in der Schule kann keinen Eifer von den ihm Anvertrauten erwarten, wenn er nicht selbst ein Beispiel für Neugier und die Lust am Lernen gibt.

Meinen Kindern sage ich nichts anderes als den Mönchen in Antaiji: »Wartet nicht darauf, dass der Lehrer euch wie ein Stück Holz auf der Werkbank bearbeitet!« Ich spreche aus Erfahrung. Als Novize im Kloster hatte ich ungeduldig den Tag herbeigesehnt, an dem mich mein Meister Miyaura Roshi in die Geheimnisse des Zen einweihen würde. Aber der Tag kam nicht. Nicht nach einem Jahr, nicht nach zwei. Mehr und mehr begann ich zu zweifeln. Aus Dogens Schriften wusste ich doch, dass selbst das beste Holz verdirbt, wenn es an den falschen Handwerker gerät. Vielleicht war die Zeit für mich gekommen, nach einem anderen, besseren Lehrer zu suchen?

Meinem Meister hätte ich das niemals ins Gesicht sagen können. Für solche Gespräche war er einfach nicht gemacht. Zum Glück hielt ich Kontakt zu Miyaura Roshis altem Meister, der ein Jahrzehnt vor meiner Ankunft im Kloster Abt von Antaiji gewesen war und nun in einer anderen Gegend Japans im Ruhestand lebte. Bevor ich alles hinschmiss, wollte ich ihn besuchen und nach seiner Meinung fragen. Nachdem er mir eine Weile zugehört hatte, sagte er einen Satz, der mir die Augen öffnete: »Bei einem dummen Schüler verdummt selbst der Meister!« Dogens Vergleich mit dem Handwerker ist nicht falsch, trifft aber nur die halbe Wahrheit. Erziehen ist keine einseitige Sache. Es verändert immer beide, den Lehrenden und den Lernenden. Auch der Schüler trägt Verantwortung für die Beziehung zu seinem Meister. Ab einem gewissen Alter hängt es ein Stück weit von den Kindern selbst ab, was sie von ihren Eltern lernen – oder lernen *wollen*. Aus dem Spiegel blickt nur das uns an, was wir ihm zeigen.

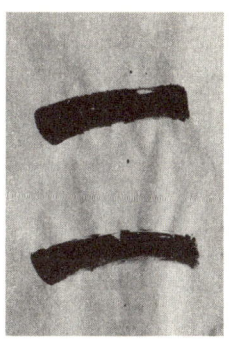

So wie es ist!

Soviel du in diesem Leben auch erreichst –
du stirbst nackt.

Sawaki Kodo

Am Morgen des 14. Februar 2002 erhielt ich im Internetcafé von Osaka die Nachricht vom Tod Miyaura Roshis. Am späten Abend desselben Tages stand ich im Leichenraum des kleinen Krankenhauses in Hamasaka, in das mein Meister nach einem Unfall in den Bergen eingeliefert worden war. Zum ersten Mal in meinem Leben sah ich einen Leichnam. Obwohl erst wenige Stunden vergangen waren, seit man den klinischen Tod festgestellt hatte, fühlte sich der Körper Miyauras eiskalt an. Mittags hatte er noch den Schnee von der Straße zum Kloster geräumt. Auf dem Rückweg war er dann mit dem Bulldozer ins Tal gestürzt. Jede Rettung war zu spät gekommen.

So unvorbereitet wie der Tod meines Meisters traf mich die Berufung zu seinem Nachfolger als Abt des Klosters. Zuerst musste ich mich jedoch um Miyauras Beerdigung kümmern. Glücklicherweise waren aus dem ganzen Land Ordensbrüder angereist. Sie konnten mir zeigen, was ich zu tun hatte.

In Japan wird am Abend des Tages, an dem ein Mensch verstorben ist, von einem Priester ein Sutra rezitiert. Es enthält die letzte Lehre Shakyamunis vor seinem Tod. Eine Zeile daraus lautet:

Ein Mensch, der weiß, dass er genug hat, ist zufrieden und glücklich, selbst wenn er auf dem Erdboden schläft. Wer nicht weiß, dass er genug hat, dem lässt selbst ein Himmelspalast noch zu wünschen übrig.

Diese Worte richten sich nicht nur an den Verstorbenen, von dem man annimmt, dass sich sein Geist noch bei den Angehörigen befindet, sondern auch an die Hinterbliebenen, die zusammengekommen sind, um die Totenwache zu halten. Man trinkt, man isst und man erzählt sich Anekdoten aus dem Leben des Verstorbenen. Kinder nehmen daran ganz selbstverständlich teil. Bei fortgeschrittener Stunde wird sogar gesungen und gelacht, und wer dazu zu müde ist, darf sich neben dem Toten zur Ruhe legen.

Die eigentlichen Beerdigungsriten beginnen am darauffolgenden Vormittag. Der Verstorbene wird für seine bevorstehende Reise in einen frischen weißen Kimono gekleidet, man setzt ihm einen Strohhut auf und zieht ihm Sandalen an. Auch ein Wanderstock und eine Tasche mit Papiergeld, das für die Überfahrt ins Jenseits benötigt wird, dürfen nicht fehlen. Zum Schluss legen die Angehörigen noch Dinge in den Sarg, die dem Verstorbenen zu Lebzeiten viel bedeutet haben. Briefe oder Bilder, ein ganz bestimmtes Buch, manchmal auch, als Wegzehrung, Süßigkeiten. Miyaura gaben wir Zigaretten und eine Flasche Wein mit. Noch einmal werden dann buddhistische Sutren rezitiert, während die Hinterbliebenen Weihrauch verbrennen.

Gegen Ende der Rezitation wurde ich aus meinen Gedanken aufgeschreckt. Der Priester, der die Zeremonie leitete, schrie plötzlich aus vollem Hals: »Nyoze!«, was man vielleicht mit »So wie es ist!« übersetzen könnte. Mittlerweile habe ich selbst einige Beerdigungen in Japan geleitet und kann das, was mir beim ersten Mal so rätselhaft erschienen ist, ein wenig besser einordnen.

Nur im Zen-Buddhismus stößt der Priester inmitten der Zeremonie diesen lauten Schrei aus. »Nyoze!« oder »Mu!« (»Nichts!«) zum Beispiel, »Ro!« (»Offenbar!«) oder »Katsu!« (ein Laut ohne Bedeutung). Durch den Schrei soll der Entschlafene in der anderen Welt zum Leben erweckt werden. Ob das beim Toten wie gewünscht funktioniert, lässt sich schwer sagen. Auf alle Fälle aber sind die in dieser Welt Zurückgebliebenen nach dem Schrei hellwach.

Im Krematorium verabschieden sich die Angehörigen ein letztes Mal. Dann wird der Sarg in den Ofen gefahren, und einer der Anwesenden drückt den Knopf, der das Feuer zündet. Es dauert ungefähr eine Stunde, bis der Tote verbrannt ist. Die Zeit wird für den Leichenschmaus genutzt. Nach einer Tasse Tee kehren alle wieder zurück ins Krematorium und versammeln sich um den Ofen, aus dem der zu Knochen und Asche verbrannte Leichnam herausgefahren wird. Ein Paar Stäbchen geht nun von Hand zu Hand. Mit ihm lesen die Anwesenden nacheinander einen der übrig gebliebenen Knochen heraus und legen ihn in eine Urne, die später, nach genau neunundvierzig Tagen, ihren Platz im Familiengrab finden wird. So lange dauert es bis zur Wiedergeburt des Verstorbenen.

Während der neunundvierzig Tage wird die Urne in einem speziell für die Ahnen reservierten Alkoven im Haus der Familie aufbewahrt. Innen im Alkoven befindet sich ein kunstvoll lackierter kleiner Schrank, der Butsudan. Dort stehen auf einem kleinen Altar auch die Ahnentafeln der übrigen Verstorbenen, daneben Kerzen, Blumen und Süßigkeiten als Gaben für die Toten. Jede Woche versammeln sich die Angehörigen vor dem Butsudan, um des Verstorbenen zu gedenken und für ihn die Sutren zu rezitieren.

In Japan zählt das Individuum weniger als die Gruppe. Es ist eine Selbstverständlichkeit, sich in demselben Grab bestatten zu lassen, in dem bereits die Asche der Vorfahren liegt. Das Grab verbleibt immer in Familienbesitz, der Vater vererbt es an den ältesten Sohn. Hat er mehrere Söhne, so gelten die übrigen als Gründer eigener Familienzweige, für die nach dem Tod des Familienoberhaupts ein neuer Grabstein errichtet wird. Töchter werden dagegen traditionell im Grab der Familie beerdigt, in die sie hineingeheiratet haben.

Wenn Japaner im Alltag von »den Buddhas« sprechen, meinen sie in der Regel weder Shakyamuni, Amitabha noch Vairocana. Sie denken nicht an jemanden, der zu Lebzeiten zur Wahrheit erwacht ist, sondern an die Seelen der Toten. Allgemeiner Auffassung nach wird der Verstorbene durch das buddhistische Ritual zum Buddha »befördert«. Und das, obwohl die Ahnen auch als »Kami«, also Shinto-Gottheiten, verstanden werden.

Daher findet man in den meisten Haushalten, in denen die japanische Tradition gepflegt wird, gleich zwei kleine Altäre, allerdings in getrennten Räumen. Neben dem Butsudan gibt es einen kleinen Kamidana für die Shinto-Gottheiten, zu denen die Seelen der Ahnen ebenfalls gehören. An zwei verschiedenen Altären in ein und demselben Haus zu beten, das ist für jeden Christen eine mehr als irritierende Vorstellung. Für die Japaner verläuft die Grenze zwischen Buddhismus und Shintoismus jedoch fließend. Wenn sie »Kami« sagen, schließt das die Buddhas mit ein und umgekehrt.

Die beiden Religionen unterscheiden sich weniger in der Lehre als in der Wahrnehmung. Während man den Shintoismus mit dem Leben in all seiner bunten Vielfalt assoziiert, wird der Buddhismus eher mit dem Tod in Verbindung gebracht. Und so pilgert man in Japan eben einmal im Jahr zu einem shintoistischen Schrein wie auch zu einem buddhistischen Tempel, um die Gräber der Ahnen zu besuchen. Es ist ein friedliches Nebeneinander. Zwischen Buddhisten und Shintoisten kommt es zu keinem Streit. Im Dezember schon gar nicht. Dann freuen sich nämlich alle gemeinsam auf den Weihnachtsmann.

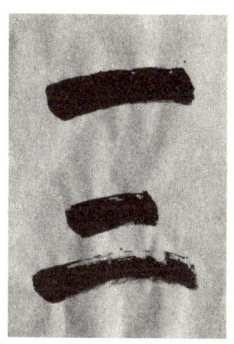

Was wir wirklich
bedauern sollten

Alles, was wir tun, ist umsonst. Alles, was wir bekommen,
ist umsonst. Der Regen fällt umsonst, die Sonne strahlt
umsonst. Die Sonne schickt uns keine Rechnung für ihre
»Solarenergie«. Was ist schon dabei, dass wir nichts in
den Tod mitnehmen können? Die Rechnung ist beglichen,
fertig, aus! Alle versuchen, dem Menschenleben noch
etwas hinzuzufügen. Darin liegt ihr Irrtum.

Sawaki Kodo

»Bis heute«, schrieb der japanische Dichter Masaoka Shiki kurz
vor seinem Tod, »habe ich das Erwachen, von dem im Zen-Buddhismus die Rede ist, missverstanden. Ich dachte, dass Erwachen bedeutet, mit Gleichmut zu sterben. Welch ein Irrtum! Erwachen bedeutet, mit Gleichmut zu *leben*.«
Wem das gelingt, trennt nicht mehr zwischen dem eigenen und
dem Leben der anderen. Er bewahrt die Ruhe, wenn mal wieder

kaum etwas nach Plan läuft, und er bereut es nicht, seine Zeit anderen zu widmen. Das lässt ihn dem Tod gelassen entgegensehen. Denn er hat gelernt, was es heißt, zu geben und von sich selbst abzusehen. Wer dagegen bereits zu Lebzeiten nichts als unzufrieden ist und zudem mit seiner Zeit geizt, wird auch beim Sterben nur zu klagen wissen. Aber der Tod lässt nicht mit sich feilschen. Wir alle werden das Leben loslassen müssen.

Aus Büchern, aber auch aus Gesprächen, die wir wohl alle schon mit Menschen geführt haben, deren Leben zu Ende geht, wissen wir, dass viele Sterbende mit Wehmut auf ihr Leben zurückblicken. Zu vieles scheint schiefgelaufen zu sein, zu wenig von dem, was man sich einmal erträumt und vorgenommen hatte, ist in Erfüllung gegangen. Bedauern darüber, wie die Jahre verstrichen sind, ohne dass etwas von ihnen geblieben ist, beherrscht so manchen, der am Ziel eines Weges angekommen ist, den er gegangen ist, ohne aufzublicken, versunken in alltäglichen Gedanken, beschäftigt mit dem letztlich doch oft gescheiterten Versuch, geglückte Tage zu erleben. Dann bleibt das Gefühl zurück, nicht mutig genug gewesen zu sein. Den Mut nicht gehabt zu haben, sein eigenes Leben zu leben.

Jeder kennt dieses Gefühl. Es kommt einem vor, als lebte man nur für die anderen und könnte sie doch nie zufriedenstellen. Nicht den ausbeuterischen Arbeitgeber, nicht die unzufriedenen Kunden, nicht den verständnislosen Ehepartner oder die schreienden Kinder, nicht die unzuverlässigen Freunde.

Aber stimmt das denn? Leben wir wirklich nur *für* die anderen? Oder leben wir nicht vielmehr das Leben gemeinsam *mit* ihnen, was zwangsläufig bedeutet, immer wieder Kompromisse einzugehen? Wir machen uns glauben, dass stets wir es sind, die die Opfer bringen. *Wir* müssen hinter den anderen aufräumen, die Wäsche erledigen, geduldig zuhören, die Brötchen verdienen. Doch was die anderen für uns tun, das verdrängen wir nur allzu gerne. Während wir von einem anderen, ganz *eigenen* Leben träumen, vergessen wir, wie schön es sein kann, *füreinander* zu leben.

Wie könnte das »eigene Leben«, dessen Versäumnis so bedauert wird, überhaupt aussehen? Muss man die Weltreise, nach der man sich immer gesehnt hat, wirklich gemacht haben? Muss man den Traumpartner geliebt, den Traumjob gefunden haben? Ich glaube, dass wir alle viel zu sehr damit beschäftigt sind, Luftschlösser zu bauen und Träumen nachzuhängen, deren Verwirklichung uns sowieso nicht zufriedener machen würde. Wir sollten stattdessen erkennen, dass unser Leben sich jetzt, in diesem Moment, vollzieht. Wir sollten zur Wirklichkeit erwachen. Dazu gehört, das eigene Leben nicht von dem der anderen zu trennen.

Statt der Chimäre eines eigenen Lebens nachzutrauern, sollten wir jeden Tag bereuen, an dem wir nur an uns selbst und nicht auch ein wenig an die anderen gedacht haben. Wir sollten es bedauern, dass wir uns zwar noch immer so gut an all das erinnern können, was wir vor langer Zeit für jemand anderen getan haben, aber so schnell vergessen werden, wie dieser andere uns heute geholfen hat. Vor allem sollten wir es bedauern, dass wir so oft vom *eigenen* Leben und vom *eigenen* Tod sprechen, und dabei das *eine* Leben nicht sehen und leben wollen, das uns alle verbindet.

Du träumst vom erfüllten Leben und sagst: »Mein Leben ist wie ein Puzzlespiel, bei dem die Teile einfach nicht passen wollen. Ich habe sogar das Gefühl, die wichtigsten Stücke noch gar nicht gefunden zu haben.«
Also suchst du und suchst und kannst nicht damit aufhören. Warum schaust du nicht nach links und rechts und fragst dich, ob vielleicht deine Teile die fehlenden im Puzzle eines anderen sein könnten? Wir spielen das Puzzle des Lebens zusammen. Alleine hat es noch keiner geschafft, das Bild zu vollenden.

In Antaiji höre ich oft die Klagen der Klosterbewohner über die Mühen der Arbeit. Wenn nur nicht so viel zu tun wäre! Wenn die Arbeit nur weniger Zeit verschlingen würde! Arbeit wird ausschließlich als notwendiges Übel betrachtet, als Fremdbestimmung und Zeitfresser. Aber was wäre die Alternative? Leben, ohne arbeiten zu müssen?

Dabei ist das Problem doch oft gar nicht die Arbeit, sondern unsere Einstellung zu ihr. Arbeit bedeutet nicht nur Last und Frustration. Sie gibt uns auch die Chance, unsere Fähigkeiten zu nutzen und zu vervollkommnen. Arbeit bringt uns in Kontakt mit anderen Menschen und hilft uns dabei, unser Ich nicht mehr so wichtig zu nehmen, weil wir uns als Teil einer Gruppe fühlen, die gemeinsam das erzeugt und ermöglicht, was wir zu einem guten Leben brauchen.

Einmal besuchte mich ein promovierter Chemiker im Kloster. Wortreich beklagte er sich über seine Arbeit. Er konnte gar nicht mehr aufhören damit. Tagein, tagaus führe er Qualitätskontrollen für Tapetenkleister durch, sagte er, schüttelte traurig den Kopf und war untröstlich.

Manchmal hilft es, die Einstellung zur Arbeit zu ändern, doch manchmal nützt auch das nichts, und man muss sich eine andere Arbeit suchen, um nicht unglücklich zu werden. Eines Tages wird jeder vor der Frage stehen, ob er wirklich das Beste aus seinen Möglichkeiten gemacht hat. Wer sich mit der Arbeit den Lebensunterhalt verdient, sollte sich auch eine Arbeit suchen, auf die er sein Leben gründen möchte.

Aber natürlich müssen wir uns darüber im Klaren sein, dass es den einen, den seligmachenden Traumjob nicht gibt. Selbst der Beruf, von dem wir schon in unserer Jugend geschwärmt haben, wird, einmal ergriffen, zur manchmal harten, manchmal todlangweiligen Arbeit. Wir begegnen Menschen, die nach ihren eigenen Vorstellungen handeln und nicht, wie wir es gerne hätten. Die Vorgesetzten, die Kollegen, die Kunden, sie nehmen oft wenig Rücksicht auf unsere Befindlichkeiten. Sogar in einem Zen-Kloster stimmt der Satz: Arbeit ist Stress.

Dennoch schließen sich Arbeit und ein erfülltes Leben nicht gegenseitig aus. Wenn wir am Ende unseres Lebens bereuen, *zu viel* gearbeitet zu haben, dann haben wir *nicht richtig* gearbeitet. Wir sollten dankbar sein, wenn wir eine Arbeit haben, die es uns erlaubt, zu leben. Denn Arbeit gehört zur Zeit des Lebens. Durch sie können wir Positives bewirken und unseren Beitrag leisten zu einer funktionierenden Welt. Wäre es nicht unendlich schade, wenn wir es versäumten, durch die Arbeit unsere Talente richtig einzusetzen? Wir sollten es bedauern, wenn wir es nicht schaffen, uns durch die Arbeit aus unserer Ich-Bezogenheit zu lösen.

Du sagst: »Ich habe keine Zeit.«
Warum nimmst du dir keine?
Du sagst: »Die Arbeit nimmt mir die Zeit weg.«
Ich verstehe dich nicht: Welche Zeit ist es,
die dir genommen wird?
Du sagst: »Meine Zeit! Wo bleibt die Zeit für mich?«
Gibt es denn eine Minute des Tages, die nicht dir gehört?
Du sagst: »Aber ich arbeite doch, um zu leben.
Ich lebe nicht, um zu arbeiten!«
Beginnt dein Leben erst nach Feierabend?

Wir alle unterdrücken manchmal unsere Gefühle. Um des lieben Friedens willen verschweigen wir, was in uns vorgeht. Wir beißen uns auf die Zunge und schlucken den Ärger oder die Wut hinunter. Viele Menschen wünschen sich immer wieder, dass sie in der einen oder anderen Situation mutiger gewesen wären und ihre Gefühle besser zum Ausdruck gebracht hätten. Ich muss an den deutschen Sprachkurs denken, den meine Frau sich vor Jahren einmal gekauft hat: »Wie geht es dir?«, lautete eine der ersten Fragen auf der CD. Folgende Antworten standen dem Sprachschüler zur Auswahl: »Danke, gut«, »es geht so« und »ganz miserabel«.

Meine Frau konnte das kaum glauben. Nicht nur in Japan gehört es zum guten Ton, immer und ausschließlich die erste Möglichkeit zu wählen. Aber ist es nicht ehrlicher, »ganz miserabel« zu sagen, wenn es einem schlecht geht? Ehrlicher vielleicht schon. Aber wir dürfen nicht vergessen, dass unsere Worte nicht nur Gefühle transportieren, sondern auch beeinflussen. Der berühmte Satz, wonach wir nicht weinen, weil wir traurig sind, sondern traurig sind, wenn wir weinen, stimmt noch immer. Oder andersherum: Wir lachen nicht, weil wir froh sind. Aber wir sind froh, wenn wir lachen. Und nicht nur wir, sondern auch die anderen.

Wenn sich jemand nach unserem Befinden erkundigt, dann übt meine Antwort sowohl einen Einfluss auf das Wohlergehen des Fragenden aus wie auch auf mein eigenes. Geht es mir oder ihm besser, wenn ich »miserabel« sage? Ein Lächeln und ein »Danke, sehr gut« können dagegen wahre Wunder bewirken.

Auch Gefühle wie Neid, Wut oder Verzweiflung müssen nicht immer sofort kundgetan werden. Viel wichtiger, als die eigenen Emotionen zu zeigen, kann es sein, auf die Stimmungen der Menschen um einen herum zu achten.

Wir sollten es bedauern, wenn wir feststellen müssen, mehr geredet als zugehört zu haben. Es sind nicht immer die anderen, die schuld sind an unserer Unzufriedenheit. Unser Ärger richtet sich an die falsche Adresse. Wir sollten uns an die eigene Nase fassen und uns fragen, was wir tun können, um das Leben der anderen schöner zu machen.

Du sagst: »Du ärgerst mich!«
Nein, du ärgerst dich.

Du sagst: »*Meine Eltern verstehen mich nicht.*«
Verstehst du deine Eltern?
Du sagst: »*Meine Kinder hören mir nicht zu.*«
Hörst du ihnen zu?
Du sagst: »*Könnt ihr nicht endlich einmal still sein?*
Ihr geht mir so auf den Geist!«
Warum bringst du nicht erst einmal deinen
eigenen Geist zur Ruhe?
Du sagst: »*Ich werde es euch heimzahlen!*«
Was trägst du zur Lösung des Konflikts bei?
Du sagst: »*Ich bin von nichts als Idioten umgeben!*«
Du lebst dein Leben im Spiegelkabinett.

Es ist wichtig, Freunde zu haben, mit denen man Erfahrungen teilen kann, Pläne schmieden, träumen. Mit Freunden kann man tief-
gründige Gespräche über Leben und Tod führen, aber auch einfach nur über das Wetter reden. Man kann ihnen sein Leid klagen
und ihnen den schlimmsten Liebeskummer anvertrauen.
Aber Freunde sind nicht gleich Freunde. Mit jedem neuen Menschen, der Teil unseres Lebens wird, schwindet die Zeit, die wir
denen widmen können, die uns wertvoll sind. Heute bietet sich
jedem die Möglichkeit, im Internet Tausende von Freunden zu
finden. Viele von ihnen wird man außerhalb der virtuellen Welt
wahrscheinlich nie zu Gesicht bekommen. Wir können online den
Kontakt zu Freunden wieder aufnehmen, der so viele Jahre abge-
brochen war, ohne dass uns etwas gefehlt hätte. Was ist aus den
ehemaligen Mitschülern geworden? Wie geht es wohl der ersten
großen Liebe? Natürlich dürfen wir dann auch auf keinen Fall
vergessen, uns um unsere zurückgewonnenen alten Freunde
richtig zu kümmern. Wenn wir nicht regelmäßig liken und kommentieren, was sie posten, verstoßen sie uns womöglich wieder
aus ihrem Kreis. Nicht auszudenken!

Es kommt nicht auf den Atemzug von gestern an. Es zählt nur der Atem in diesem Augenblick. Knüpfen wir neue Kontakte, werden alte abreißen. Die Kameraden von früher gehen heute getrennte Wege. Wir sollten nicht alten Freundschaften nachhängen und darüber die Leute aus den Augen verlieren, für die wir jetzt da sein können. Vielleicht gibt es ja sogar Wichtigeres, als auf sozialen Netzwerken präsent zu sein. Die ganz normale und ganz wunderbare Realität beispielsweise.

Du fragst: »Hat sich mein Leben gelohnt?«
Frag deine Familie. Und frag deine Kollegen.
Du sagst: »Ich will nicht sterben!«
Das soll der Weltuntergang sein? Frag dich,
wer dich vermissen wird.

Wenn wir zurückschauen, kann es sein, dass wir es bedauern, uns nicht öfter erlaubt zu haben, glücklich zu sein. Aber ist deshalb unser Leben unglücklich verlaufen? Verschließen wir nicht eher die Augen vor unserem tatsächlichen Glück, weil wir von der fixen Idee besessen sind, noch glücklicher sein zu müssen? Dabei ist es doch so: Je mehr wir uns anstrengen, glücklich zu sein, desto weniger verstehen wir, worin das Glück wirklich besteht. Wir laufen dem Glück hinterher und dabei uns selbst davon. Erst wenn wir innehalten und zur Ruhe kommen, erkennen wir, dass uns gar nicht so viel fehlt zur Zufriedenheit. Wir sollten aufhören zu fragen, was uns das Leben noch bringen könnte oder wie viel glücklicher wir womöglich sein könnten. In Nietzsches »Also sprach Zarathustra« heißt es: »Man muss noch Chaos in sich haben, um einen tanzenden Stern gebären zu können.« Wir sollten alles von uns geben, und sei es auch das Leben selbst. Ein Stern leuchtet, weil er brennt. Er fragt nicht danach, was ihm sein Leuchten bringt.

Doch wir wollen nicht brennen. Nur ein bisschen glücklicher sein. Am besten so glücklich wie die Menschen in der Fernsehwerbung! Damit wir dieses Ziel erreichen, rennen wir herum, verausgaben uns bis zur Erschöpfung, machen Schulden, riskieren Konflikte, beenden Beziehungen, nehmen Krankheiten in Kauf, verlieren uns selbst. Bis der Tod uns zwingt, endlich damit aufzuhören.

Nichts ist bedauernswerter als ein Leben, das nur aus Jammern und Klagen besteht. Glück steckt in diesem Atemzug. Nicht im vergangenen und nicht im nächsten.

Du sagst: »Das Leben ist ungerecht!«
Bestimmst du, was gerecht ist?
Du fragst: »Warum muss es ausgerechnet mich treffen?«
Wen hätte es sonst treffen sollen?
Du sagst: »Aber die anderen haben es doch so viel besser als ich!«
Und was sagen die anderen dazu?
Du sagst: »Das habe ich nicht verdient!«
Was hast du denn verdient?
Du sagst: »Das darf doch nicht wahr sein!«
Das Leben ist wahr. Ob dir das passt oder nicht.

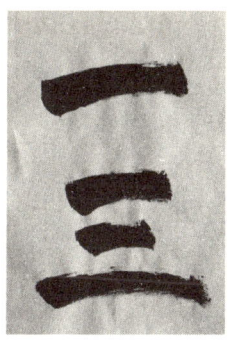

1800 Stunden Zazen
oder In den
eigenen Sarg steigen

Du hältst dich für zufrieden? Das ist nur ein Traum!
Hör auf zu träumen und praktiziere mit ganzem Herzen das,
was nicht zufriedenstellt: Zazen. Geh mit festem Schritt
den Weg, auf dem es nichts zu gewinnen gibt.
So handelt ein Mensch auf dem Pfad der Erleuchtung.

Sawaki Kodo

Die Kürze des Lebens. So mancher bedeutende Denker hat sich schon an diesem Thema versucht, abgearbeitet, teilweise auch verhoben. Kaum einer hat jedoch aus der Reflexion über das Vergehen der Zeit so unvergängliche philosophische Funken geschlagen wie der römische Philosoph Seneca. »De brevitate vitae« heißt das wie ein langer Brief aufgebaute Werk, in dem Seneca mit bis heute gültigen Formulierungen seinen Zeitgenossen in die Seele blickt:

*Die meisten Menschen klagen über die Gemeinheit der Natur. Unsere
Lebensspanne sei kurz, sagen sie, und der Lauf der Zeit schnell. So
schnell, dass die meisten von uns – mit nur wenigen Ausnahmen – vom
Leben im Stich gelassen werden, wenn sie sich gerade erst darauf vorbereitet haben.*

Seneca macht keinen Hehl daraus, wie er zu der Meinung der Vielen steht: »Nicht das Leben ist kurz, sondern wir sind es, die die
Zeit des Lebens verschwenden.« Daraus ergibt sich alles Weitere,
nicht zuletzt die Ratschläge, ja Verhaltensregeln, die dem Brief-
partner Paulinus und mit ihm allen Lesern erteilt werden. Ob wir
denn glaubten, ewig zu leben, fragt uns Seneca rhetorisch, der
nicht verstehen kann, dass wir, die wir sonst doch besorgt sind
um jeden kleinen Besitz, nicht besser achtgeben auf unsere Zeit.
Wer alles auf den Ruhestand verschiebt: die Erfüllung der Träume, das Wahrmachen der Pläne, dem wird entgegnet: »Woher
weißt du, dass du so lange leben wirst?« Selbst ein Hundertjähri-
ger kommt nicht ungeschoren davon. Er soll sein Zeitkonto auflösen und Bilanz aus den vielen Jahren ziehen, die ihm vergönnt
waren:

*Wie viel Zeit davon hast du für den Geldverleiher verschwendet, wie viel
für deine Geliebte, für deine Gönner und Kunden? Wie viel ging drauf für
Ehestreitigkeiten, die Bestrafung deiner Sklaven und das Herumrennen
in der Stadt für Erledigungen?*

Mich erinnern diese Fragen an eine Passage aus dem Dham-
mapada, dem vielleicht bekanntesten buddhistischen Text überhaupt. Dabei handelt es sich um eine Sammlung von Aussprü-
chen Shakyamunis, die mehrere Jahrhunderte vor unserer
Zeitrechnung zusammengestellt wurde. Unter anderem heißt
es da:

Mehr wert als hundert Jahr' in Dumpfheit ohne Streben ist ein Tag weisheitsvoll und in Versenkung leben.

Mehr wert als hundert Jahr' zu leben faul und schwach, ist stark und krafterfüllt zu leben einen Tag.

Mehr wert als hundert Jahr' das Auf und Ab nicht sehen ist ein Tag, wenn du schaust das Werden und Vergehen.

Die Botschaft ist eindeutig. Nicht auf die Länge des Lebens kommt es an, sondern auf die Richtung und den Inhalt, die wir ihm geben. Generationen kommen und gehen. Alles ist im Fluss, alles wandelt sich ständig. Gewissheiten werden erschüttert. Das Leben verstreicht vor unseren Augen. Unsere Hand, die retten und bewahren will, greift ins Leere. Augen schließen sich für immer. Nicht Ausgesprochenes bleibt bis in alle Ewigkeit ungesagt. Und im allgemeinen Werden und Vergehen leben und sterben wir selbst, hier und jetzt, in der ersten Person, von Augenblick zu Augenblick, und selbst dieses Ich ist nur eine Illusion ohne Substanz, kaum der Rede wert.

Wie umgehen mit der Kürze des Lebens? Sicher nicht, indem man in Panik und hektische Betriebsamkeit verfällt. Sondern eher, indem man die Zeit loslässt, auch wenn dieser Gedanke bei vielen Befremden auslöst. Wenn ich erzähle, dass ich in Antaiji im Durchschnitt fünf Stunden pro Tag meditiere, rufe ich häufig Fassungslosigkeit hervor. Die Leute sorgen sich um meinen scheinbar verschwenderischen Umgang mit der Zeit. Blitzschnell erstellen sie eine Kosten-Nutzen-Rechnung: »So viele Stunden Meditation?«, fragen sie. Und, gleich hinterher: »Was bringt das denn?«

Wenn meine Antwort dann schlicht und einfach lautet: nichts – weil es genau so ist, weil die Meditation nichts »bringt«, auch gar nichts bringen muss oder bringen soll, schon gar keinen materiellen Gewinn, bekomme ich zu hören, so vorhersagbar wie der Donner nach dem Blitz: »Aber dann kannst du doch *damit aufhö-*

ren! Das ist *doch schade* um die verlorene Zeit!« Aber ich verliere meine Zeit bei der Meditation nicht. Nicht im Geringsten.

Viele Jahre sind vergangen seit jener Meditationserfahrung im Internat, ganz am Anfang. Damals habe ich meinen Körper wie zum ersten Mal entdeckt und dabei gespürt, wirklich gespürt, dass das Leben in mir und durch mich atmet. Das Rauschen des Windes, das Zwitschern eines Vogels, das Schlagen meines Herzens, all das nahm ich endlich bewusst wahr, ohne es von vornherein gleich wieder als bekannt abzutun und ihm so die Kraft des Lebendigen zu rauben. Der Schleier vor meinen Augen war verschwunden. Ich sah die Welt noch einmal durch die Augen eines Kindes, dem das Alltägliche zu einem Geheimnis wird, das es lohnt, gelüftet zu werden.

Als ich zum ersten Mal nach Antaiji kam, war ich 22 Jahre alt. In Kyoto hatte man mir ein Motto des Klosters verraten: »Sitz erst einmal schweigend für zehn Jahre und dann für weitere zehn Jahre. Im Anschluss daran sitz noch einmal zehn Jahre!«

Ich glaubte, durch die sechs Jahre Erfahrung, die ich in Deutschland mit der Meditation gesammelt hatte, ganz gut für alles Kommende gerüstet zu sein. Aber nichts und niemand hätte mich auf ein Programm von 1800 Stunden Zazen im Jahr vorbereiten können. Multiplizierte ich diese Zahl noch mit dreißig, um auf die in Antaiji gewünschten drei mal zehn Jahre Meditation zu kommen, wurde mir schwindlig. Diese Dimensionen entzogen sich meiner Vorstellungskraft.

Meine Ankunft im Kloster fiel auf den letzten Tag des Septembers. Bereits am kommenden Morgen sollte, wie immer an den ersten fünf Tagen eines Monats, ein Sesshin beginnen. Intensive Tage der Praxis, gewidmet beinahe ausschließlich dem Zentrum all unserer Tätigkeiten im Kloster: dem Sitzen auf dem Meditationskissen.

Die Tage während eines Sesshins folgen einem strengen Rhythmus. Sie beginnen um 3:45 Uhr, wenn ein Mönch mit der Weckbimmel durch die Flure läuft. Fünfzehn Minuten später versammeln wir uns in der Haupthalle zur ersten von insgesamt fünfzehn über den Tag verteilten Meditationseinheiten. Sie dauert eine volle Stunde, alle weiteren 45 Minuten, denen jeweils eine Viertelstunde Meditation im Gehen folgt. Um 9 Uhr gibt es Frühstück, das schweigend eingenommen wird. Danach folgt eine kurze Pause, die man nutzen kann, um auf die Toilette zu gehen oder sich die Zähne zu putzen, ehe es um 10 Uhr weitergeht. Meditation, abwechselnd im Sitzen und im Gehen. Fünf Stunden lang. Um 15 Uhr nehmen wir eine zweite Mahlzeit ein, und dann wird noch einmal für fünf Perioden gesessen, bis es schließlich 21 Uhr ist und die Ruhezeit beginnt.

Der Ferientag eines Kindes kann eine schöne Unendlichkeit sein, gefüllt bis zum Rand mit Lachen, Spaß, Spiel. Der Tag während eines Sesshins kann die Hölle sein, besteht er doch aus fast nichts anderem als aus dem unbewegten Sitzen vor einer Wand. Ich hatte nicht die leiseste Ahnung gehabt, was auf mich zukommen würde. Ich saß in der Haupthalle von Antaiji und litt Qualen. Meine Knie taten weh. Meine Beine schliefen ein. Mein Rücken schmerzte. Ich wurde abwechselnd wütend auf mich selbst (»Wie blöd muss einer sein, sich freiwillig so einer Tortur auszusetzen!«) und auf die anderen (»Da, mein Nachbar! Wie aufreizend friedlich er schnarcht! Ich wünschte, ich könnte ihm die Hälfte meiner Schmerzen abgeben. Dann wäre es schnell vorbei mit seiner Seelenruhe!«). Hätte mich einer gefragt, warum in aller Welt ich immer noch eine weitere Stunde durchhielt, wäre ich ihm die Antwort wohl schuldig geblieben. Ich wusste es selbst nicht. Dabei hätte ich jederzeit aufspringen und meine sieben Sachen packen können. Aber das ging mir auch gegen den Strich. Schließlich gelang es mir irgendwie, mich durch den ersten Tag des Sesshins durchzukämpfen. Wohl noch nie hatte ich mich so sehr über die simple Tatsache gefreut, dass es Abend wurde.

Ein Mönch, der bemerkte, welche Anstrengung mich der Tag gekostet hatte, nahm mich beiseite. Er gab mir einen Tipp:

»Hast du das leise Klacken in der Halle bemerkt? Das Geräusch stammt von der Uhr. Immer zehn Minuten vor jeder vollen Stunde ist es zu hören. Warte also nur auf dieses Klacken! Wenn du es hörst, dann weißt du, dass die Sitzperiode nicht mehr lange dauert.«

Am nächsten Morgen probierte ich es aus. Der Wink des Mönchs schien anfangs tatsächlich gute Dienste zu tun. Fünfunddreißig Minuten waren nun mal weniger als eine Dreiviertelstunde. Ich achtete auf das Geräusch der Uhr, das den Beginn der Geh-Meditation in greifbare Nähe rückte. Nur noch zehn Minuten ... Als aber nach Sonnenaufgang die Vögel ihr Tagwerk aufnahmen, war es schnell vorbei mit der kleinen Manipulation meines Zeitgefühls. Ich hatte Mühe, das Klacken zu vernehmen, wenn die Vögel ihr Bestes gaben. Die Ungewissheit konnte einen zur Verzweiflung bringen. War es schon so weit, und die letzten zehn Minuten hatten begonnen? Bestimmt sogar. Ich *musste* das Geräusch überhört haben. Meine Beine taten so weh. Es *konnte* sich nur um Sekunden handeln, bis ich aufstehen durfte. Als die Uhr kurz darauf aber nicht die Stunde schlug, sondern lediglich ihr vertrautes, leises Klacken von sich gab, konnte ich mein Elend kaum fassen. Plötzlich fühlten sich selbst zehn Minuten wie eine Ewigkeit an.

Am Nachmittag des zweiten Tages war ich so erschöpft, dass ich jede Hoffnung aufgab, das Sesshin lebend überstehen zu können. Zazen würde mich umbringen. Sawaki Kodo hatte recht gehabt: Zazen bedeutete wirklich, in den eigenen Sarg zu steigen. Ich dachte auch an die Worte, die mir Miyaura in seiner Funktion als Abt von Antaiji am Abend vor dem Sesshin mit auf den Weg gegeben hatte:

»Ich kann mir vorstellen, dass du hohe Erwartungen hast. Morgen beginnt endlich das Leben im Zen-Kloster, auf das du dich so lange vorbereitet hast. Glaub mir: Bereits in vierundzwanzig Stunden wirst du deine Entscheidung, hierhergekommen zu sein, verfluchen.«

Er hatte nicht gelogen. Wahrscheinlich war er selbst vor einigen Jahrzehnten durch dieselbe Hölle gegangen, auch wenn ihn das heute nur noch zu belustigen schien. Lachend hatte er hinzugefügt:

»Und übermorgen, da könnte es sein, dass du schon tot bist. Aber mach dir deswegen keine Sorgen. Wir haben noch genug Platz auf dem Friedhof!«

Ich hatte Miyauras Sätze für einen makaberen Witz gehalten. Für eine Art verbalen Initiationsritus, den jeder Neuling im Kloster über sich ergehen lassen musste. Dabei war es bitterer Ernst gewesen. Ich wusste nun, dass es wirklich um Leben und Tod ging. Das endgültige Verlöschen meiner Kräfte war in den Bereich des Möglichen gerückt. Ich bewegte mich auf einen Abgrund zu, und das schneller, als mir lieb war.

Eine Weile versuchte ich es noch mit Ausweichmanövern. Ich biss die Zähne zusammen, lockerte, so gut es ging, die Beine, und drückte mein Kreuz durch. Aber diese winzigen Erleichterungen machten den sofort wieder überhandnehmenden Schmerz nur noch schlimmer. Ich gelangte an einen Punkt, an dem nichts mehr ging. Entweder stand ich nun sofort auf und verließ das Kloster, ohne je zurückzuschauen. Oder ich starb tatsächlich. Hier, auf diesem Kissen.

Ich stand nicht auf. Ich blieb sitzen. Ich ließ los und gab allen inneren Widerstand auf. Ich war bereit, in den Abgrund zu fallen. Bereit zu sterben. Und plötzlich hatte ich es nicht mehr nötig, zu kämpfen. Auch vor meinen Schmerzen musste ich nicht mehr davonlaufen. Ich hatte getan, was ich konnte. Mehr ging nicht. Nach meinem Tod würden die anderen Mönche sich um meine Beerdigung kümmern.

Doch indem ich eins mit meinem Schmerz wurde, hatte ich das Leben in seinem Wesen akzeptiert. Als ich mich dazu entschloss, sitzen zu bleiben, egal, was auch passieren mochte, vertraute ich mich einer Kraft an, die größer war als die Illusion meines Ichs. Ich war geborgen im Leben selbst.

Von diesem Moment an verging dieses Sesshin, vergingen auch alle in den nächsten fünfundzwanzig Jahren folgenden fast wie im Flug. Die Qual war nicht das Sitzen oder die körperliche Ermüdung gewesen, das erkannte ich jetzt. Sondern die Zeit bis zum Augenblick des Loslassens und der Bereitschaft, zu sterben. Danach gab es nur noch den gegenwärtigen Moment, und Zazen wurde auch für mich das, was es nun einmal ist. Keine Meditationstechnik. Sondern das »Tor großen Friedens und Glücks«, von dem Dogen schreibt.

Hier verwirklicht sich das offenbare Geheimnis, es gibt kein Netz mehr, in dem du dich verfangen könntest. Wenn du dir Zazen zu eigen gemacht hast, bist du wie ein Drache, der zurück ins Wasser taucht, du bist wie ein Tiger, der durch die Berge streift. Die wahre Lehre verwirklicht sich von selbst, und deine Müdigkeit und Zerstreutheit werden sich auflösen.

Der Dieb, der in ein leeres Haus einbricht

Wie lange du Zazen üben musst,
bis es dir etwas bringt?
Zazen bringt dir überhaupt nichts.

Sawaki Kodo

Das erste Werk, das Dogen 1228 gleich nach seiner Rückkehr aus China verfasste, war rein praktischer Natur. Es widmete sich ausschließlich dem Zazen. Dogen beschreibt Zazen nicht als ein Ritual unter vielen, sondern als das Alpha und Omega buddhistischer Praxis. Die Lehre Shakyamunis sollte kein bloßes Wortwissen bleiben. Sie sollte praktisch werden. Für die Eitelkeit weiser buddhistischer Meister, die, gekleidet in prächtige Roben, erbauliche Reden schwangen, hatte Dogen nichts übrig. Er warf ihnen vor, die leibliche Praxis zugunsten schöngeistiger Reden zu vernachlässigen. Doch es gibt kein Erwachen ohne Praxis. Das Erwachen selbst verwirklicht sich im Zazen.

Meditation dient keinem Zweck. Der Meditierende sitzt nicht auf dem Kissen, um zum Buddha zu werden. Er sitzt vielmehr, *weil* er Buddha ist. Buddha-Natur und Zazen gehören untrennbar zusammen. Unmöglich, sie zu unterscheiden. Wer es dennoch versucht, dem wird sich eine Kluft wie die zwischen Himmel und Erde auftun: »Wenn du dem einen folgst und dem anderen widerstrebst, wird dein Geist wie Pulver im Wind sein.«

In seiner »Universellen Aufforderung zum Zazen« erstellt Dogen einen ganzen Katalog praktischer Ratschläge für den Meditierenden. Detaillierte Anweisungen, die nichts voraussetzen außer der Aufmerksamkeit derer, an die sie sich richten:

Für die Zen-Übung ist ein stiller Ort geeignet. Halte Maß beim Essen und Trinken und löse dich aus allen Bindungen, lasse die zehntausend Angelegenheiten ruhen. Denke nicht an »gut« und »schlecht«, urteile nicht über »richtig« oder »falsch«. Dein Geist und dein Bewusstsein drehen sich im Kreis. Lass sie zur Ruhe kommen. Hör auf, alles mit deinen Gedanken und Meinungen abzuwägen.

Breite eine dicke Sitzmatte aus. Darauf lege dein Sitzkissen. Sitze entweder im halben oder im vollen Lotussitz. Beim vollen Lotussitz lege den rechten Fuß auf den linken Oberschenkel und dann den linken Fuß auf den rechten Oberschenkel. Beim halben Lotussitz lege einfach den linken Fuß auf den rechten Oberschenkel.

Trage dein Gewand locker und ordentlich. Lege die rechte Hand auf den linken Fuß und die linke Hand auf die rechte Hand. Die Spitzen der beiden Daumen sind gegeneinander gestützt. Sitze gerade, in der richtigen Haltung. Sitze nicht nach links oder rechts gekrümmt, vornüber gebeugt oder zurückgelehnt. Ohren und Schultern sollen in einer Linie sein, während die Nase in einer Linie mit dem Nabel ist. Die Zunge sollte am Gaumen anliegen. Halte Lippen und Zähne geschlossen und die Augen stets geöffnet. Atme leise durch die Nase.

Keine Einzelheit scheint nebensächlich. Die Sorgfalt, mit der Dogen seine Anweisungen formuliert, mag irritieren. Warum wird so viel Wert auf die genaue Sitzhaltung gelegt? Kommt es nicht eher darauf an, was während des Meditierens in meinem Geist vorgeht, woran ich denke? Aber Dogen trennt die Praxis des körperlichen Sitzens eben nicht von Geist und Bewusstsein. Wie wir sitzen, bestimmt, wie wir uns fühlen und was wir denken. Zen wird mit dem Körper oder gar nicht praktiziert.

Selbst eine kleine Änderung der Haltung beeinflusst meine Wahrnehmung. Sitze ich aufrecht und still, höre ich plötzlich Klänge, die sonst unbemerkt an mir vorübergezogen wären. Ich achte auf meinen Atem. Mein Geist gelangt in einen ursprünglichen Zustand. Er kommt wie der Atem zu sich selbst. Ich bin mein Atem, mein Geist, mein Körper. Mein Körper endet nicht. Er dehnt sich aus und verliert seine Grenzen. Farben und Klänge werden Teil von ihm. Ich bin nicht länger getrennt von der Welt.

Ist der Körper auf diese Weise eingestimmt, dann atme einmal tief durch den Mund aus. Schwinge deinen Oberkörper erst nach links und rechts. Dann sitze reglos wie ein mächtiger Berg in Konzentration und denke auf dem Grund des Nicht-Denkens. Wie denkt man auf dem Grund des Nicht-Denkens? Lass den Gedanken los! Dies macht die Kunst des Zazen aus.

So viele Information zur richtigen Sitzhaltung, so wenig Ratschläge, wie wir mit unserem Geist verfahren sollen! Für Dogen war der Fall klar: »Lass den Gedanken los!« Doch das fällt eher schwer als leicht. Während des meditierenden Sitzens fühlen wir uns oft wie ein Schäfer, der versucht, seine ungezogene Herde in den Griff zu bekommen. Er bemüht sich, die schwarzen Schafe von den weißen zu trennen, er will die Tiere nummerieren und kategorisieren, und am allerliebsten hätte er die ganze Herde schon wieder zurück im Stall. Nur haben die Schafe anderes vor. Sie rennen in alle Richtungen davon.

Auch unsere Gedanken lassen sich nur schwer einfangen. Sie entwischen uns, obwohl wir uns vornehmen, sie festzuhalten. Je mehr wir das Denken denken, desto mehr Spaß macht es ihm, uns einen Streich zu spielen. Dabei merken wir nicht, dass das eigentliche Problem gar nicht die Gedanken sind, sondern das Ich, das sich als ihr Herr aufspielt.

»Hishiryo«, der japanische Begriff, den ich frei als »Lass den Gedanken los!« übersetzt habe, bezeichnet einen ganz bestimmten Geisteszustand. Der Schäfer vergisst sich selbst und wird eins mit der Weide, auf der die Schafe grasen. Eins mit dem Himmel, der sich schützend über die Herde spannt. Früher oder später haben sich die Schafe sattgegessen und kehren von selbst in den Stall zurück.

Reglos »wie ein mächtiger Berg« zu sitzen, bedeutet genau das. Wir können Zazen nicht »machen«. Zazen ist keine Kraftanstrengung. Zazen macht uns. Wir müssen aufhören, zum Beobachter unserer selbst zu werden und jeden Gedanken ängstlich zu kontrollieren. Wir dürfen uns nicht aufspalten in Körper und Geist. Alles ist eins. Wir sind eins mit dem, was wir tun. Wenn wir davon Abstand nehmen, achtsam sein zu *wollen*, werden wir wacher sein, als wir es jemals waren. Zur Geistesruhe werden wir nur gelangen, wenn wir nicht mehr versuchen, unseren Geist zu manipulieren, sondern einfach loslassen. Zazen ist wie ein Dieb, der in ein leeres Haus einbricht. Es gibt nichts zu stehlen, man kann sich nicht verstecken, und es ist niemand da, vor dem man davonlaufen müsste.

Dein Handeln muss sich von Klang und Gestalt lösen, es muss sich auf die Ordnung gründen, die vor intellektuellem Sehen und Verstehen liegt. Mach dir keine Gedanken darüber, ob du mehr weißt als die anderen oder nicht. Glaube nicht, dass der Kluge besser ist als der Dumme. Gib dich einfach hin an die Übung. Das ist es, was Beschreiten des Weges genannt wird. Nichts könnte das übende Erweisen beflecken. Sich nach dem Weg zu richten, bedeutet, den Alltag zu leben.

Die Zweck- und Sinnlosigkeit von Zazen mag in unserer heutigen von Ertrag und Nutzen besessenen Gesellschaft wie eine Provokation erscheinen. Wir können Zazen nicht für unsere persönlichen Zwecke einsetzen. Wir können nichts erreichen oder erwerben. Zazen ist keine Methode, um glücklich zu werden, kein Weg zur Erleuchtung. Solange wir Zazen noch mit der Absicht üben, einen dahinterliegenden Sinn zu begreifen, haben wir es uns noch nicht zu eigen gemacht.

Wir müssen das Habenwollen loslassen, so wie wir Gefühle wie Schmerz, Müdigkeit, Wut, Gier, Langeweile oder Trauer an uns vorüberziehen lassen ohne Kampf. Nur dann sind wir in unserem Element, und das Leben lebt durch uns hindurch. Dann sind wir durch das Tor großen Friedens und Glücks gegangen. Indem wir uns aufgegeben und uns ganz dem Sitzen überlassen haben, hat sich Zazen von selbst in uns verwirklicht.

In dieser wie in allen anderen Welten, in Indien wie in China, wird das Buddha-Siegel auf gleiche Weise bewahrt, und der Wind der Wahrheit weht frei und ungehindert. Gib dich einfach hin an das Sitzen, geh auf im unbeweglichen Zustand des Zazen. Auch wenn es tausend Wege mit zehntausend Unterschieden gibt, beschreite den einen Weg, indem du einfach nur Zen übst. Welchen Sinn hat es, das Sitzkissen bei dir zuhause zu verlassen, um in der Fremde umherzuirren?

Martin Luther soll einmal gesagt haben: »Ich habe heute viel zu tun, darum muss ich heute viel beten!« Für ihn wird das Beten denselben Stellenwert eingenommen haben wie für einen Zen-

Mönch das Zazen. Ich will aber nicht lügen. So wie für einen Christen das Beten, so kann auch das Meditieren zur Routine werden. Ich fiebere durchaus nicht jedem Sesshin entgegen. Als Abt des Klosters frage ich mich schon das eine oder andere Mal, besonders beim Reis-Auspflanzen im Mai oder bei der Ernte im Herbst, ob es nicht sinnvoll wäre, die vielen Stunden Zazen im Jahr etwas zu reduzieren. Ein gestrichenes Sesshin, und es wäre ein Leichtes, alle Arbeiten rechtzeitig zu erledigen, und vielleicht könnten wir uns dann sogar noch einen Tag extra freinehmen ... Warum sollen wir uns vom starren Zeitplan des Klosters gängeln lassen? Heißt es im Zen-Buddhismus nicht, dass Bewegung so wichtig sei wie das Sitzen, Reden so wichtig wie das Schweigen, Arbeit so wichtig wie die Ruhe?

Kam es dann dazu, dass ich kraft meines Amtes ein Sesshin abgesagt habe, damit andere Arbeiten verrichtet werden konnten, machte ich eine verblüffende Entdeckung. Der Ertrag an zusätzlicher Zeit fiel deutlich geringer aus als erwartet. Selbst wenn wir jede einzelne der 1800 Stunden im Jahr, die wir mit Zazen verbringen, gestrichen hätten, wäre uns dadurch nicht mehr Zeit geschenkt worden. Stattdessen hätte uns am Ende des Jahres das Gefühl gequält, noch weniger Zeit als sonst zur Verfügung gehabt zu haben.

Die Lösung dieses Paradoxons liegt auf der Hand. Zazen ist gewonnene, nicht verlorene Zeit. Nur wenn wir Zazen als ein zu absolvierendes Pflichtprogramm auffassen, frisst es unsere Zeit, die dann aber gar nicht mehr unsere ist. Hören wir mit dem Zazen auf, merken wir, das uns etwas fehlt: Zeit. Denn Zazen ist die Zeit, während der man nichts und niemandem gehört. Mehr Zazen bedeutet mehr Zeit.

Seit drei Jahrzehnten praktiziere ich nun schon die Meditation im Sitzen. Die Sesshins haben längst ihren Schrecken für mich verloren. Liegt es daran, dass ich inzwischen gelernt habe, auf dem Kissen loszulassen, sodass nun auch in schmerzhaften Stunden die Zeit nicht mehr als Feind erscheint? Oder ist mir die Praxis zur bloßen Gewohnheit geworden, weil ich Zazen »auf dem Rückweg« meiner zweiten Lebenshälfte übe?

Weder noch. Zwar scheinen bei zunehmendem Alter die Tage immer schneller zu vergehen. Aber das gilt nur für die Tage, auf die wir *zurückblicken*. Eine Woche, ein ganzes Jahr sind dann wie im Flug verstrichen. Und diese Empfindung richten wir als Erwartung auf die Zukunft. Auch sie malen wir uns als geschwind dahineilende Zeit aus.

Aber da ist auch noch die Zeit, die wir in diesem Augenblick erleben. Sie verläuft immer gleich schnell. Klagt also einer, sein Leben ziehe zu rasch an ihm vorbei, lebt er nicht im Augenblick. Das Leben fliegt nur dann, wenn wir es aus der Vogelperspektive betrachten. Aus der Froschperspektive bietet sich dagegen ein anderes Bild. Leben wir im Moment, ist jeder Augenblick genau so kurz oder so lang, wie es ihm zusteht. Der Vogel, der auf das Leben von oben herabsieht, glaubt, in der Zeit gefangen zu sein. Der Frosch dagegen ist frei in jedem Moment.

Davon können wir uns alle ganz leicht selbst überzeugen. Wir müssen uns dafür noch nicht einmal in den Schneidersitz begeben. Wir müssen nur wahrnehmen, wie wir in einem Augenblick ausatmen. In diesem Augenblick. Wir müssen uns nicht anstrengen oder versuchen, so lang und tief zu atmen, wie wir können. Auch auf die Bauchatmung kommt es nicht an. Wir lassen den Atem einfach kommen und dann wieder gehen. Es ist derselbe Atem, den wir schon als Kind geatmet haben, nicht kürzer und nicht länger. Er hat keinen Anfang und kein Ende. Es ist der Atem, den wir unser ganzes Leben atmen werden.

Sag die Wahrheit

Der Buddhismus ist nichts für Schaulustige.
Um dich selbst muss es gehen!

Sawaki Kodo

Als einfacher Mönch konnte ich mich sehr viel um mich selbst kümmern. Als Abt von Antaiji dagegen trage ich weitaus mehr Verantwortung. Das gilt nicht nur für die Nonnen und Mönche, die mit mir im Kloster leben, sondern zum Beispiel auch für interessierte Besucher, die die Neugier zu uns in die Berge treibt. Selbstverständlich kann ich nicht jeden Brief oder jede Mail lesen oder gar beantworten. Leider fehlt auch mir dafür die Zeit. Aber wenn sich jemand auf den weiten Weg gemacht hat, um sich ein Bild vom Leben in Antaiji zu machen, dann versuche ich, ihm so gut wie möglich zuzuhören, selbst wenn er sein Kommen nicht angemeldet hat. Und wenn ich zu einem Vortrag eingeladen werde, freue ich mich jedes Mal über die Gelegenheit, den Menschen etwas über Zazen und das Klosterleben erzählen zu können, obwohl noch tausend andere Dinge zu erledigen wären.

Spreche ich in Tokio zu den Leuten, merke ich, dass sie mich um die Ruhe des Klosterdaseins beneiden. Das japanische Alltagsleben in den Großstädten, wo der größte Teil der Bevölkerung wohnt, lässt sich in der Tat mit dem auf dem Land kaum vergleichen. In Tokio oder Osaka hat irgendwann einer den Zeitraffer angestellt und nie wieder ausgemacht. Verstopfte Straßen, Menschen in überfüllten Pendlerzügen, Gedränge auf dem Gehweg. Quetsche ich mich ab und zu in eine morgendliche U-Bahn, fühle ich mich fast wie bei einem Punk-Konzert, damals in den 1980er-Jahren, ganz vorne, in der ersten Reihe, die man für ein paar Sekunden erobert hat, bevor die Pogo tanzende Menge einen wieder ans andere Ende der Halle befördert. Schlaf scheint in den japanischen Großstädten abgeschafft worden zu sein. Die Öffnungszeiten der insgesamt 50.000 Convenience Shops sind leicht zu merken: Die Läden schließen nie.

Auf dem Land ist alles ganz anders. In den Dörfern um Antaiji herum sind viele Haushalte noch nicht an die Kanalisation angeschlossen, das trifft auch auf das Kloster selbst zu. Die sonst so schnellen und pünktlichen japanischen Züge lassen sich nur selten blicken, und bis zum nächsten Convenience Shop fährt man eine halbe Stunde mit dem Auto. Die Zeit vergeht langsam hier in den Bergen. Wer bleibt, hat keinen Grund, irgendwohin zu gehen. Die Tage beginnen früh und enden weit vor Mitternacht. Hier leben die Altgewordenen, denn Arbeit gibt es kaum. Die Jungen beenden die Schule und ziehen weg, versuchen ihr Glück in den Metropolen und kehren nie mehr in ihr Dorf zurück.

Ich wurde in Berlin geboren, und doch gefällt mir das Leben in Ruhe und Abgeschiedenheit sehr. Ich brauche keinen Shop um die Ecke, wenn mein Gemüse auf dem Feld vor dem Kloster wächst.

Das Internet holt mir die Welt auf den Bildschirm, ich kann mit ihr kommunizieren, wann immer mir danach ist. Mir fehlt nichts. Meine Frau jedoch tat sich besonders am Anfang mit dem Landleben schwerer. In Osaka trägt man höchst selten Kämpfe mit Insekten aus, und Mäuse verirren sich dort auch nur alle Jubeljahre mal in eine Küche. Am meisten fehlt ihr wohl, alles jederzeit erreichen und besorgen zu können:

»In Osaka kann ich morgens um zwei an der Ecke einen Pudding kaufen, hier geht das nicht!«

Ich bin dann versucht, ihr vorzuschlagen, den Pudding einfach im Voraus zu kaufen und in den Kühlschrank zu stellen, denn der hat sogar in den Bergen rund um die Uhr geöffnet. Aber ich lasse es dann lieber. In manchen Dingen ticken wir einfach ein bisschen unterschiedlich. Ich vermisse die Großstadt eben sehr viel weniger als Tomomi.

Ganz automatisch findet man aber auch hier nicht zur Gelassenheit. Eine Erholung vom Stress gelingt nur, wenn man die Ruhe auch in sich selbst trägt. Ist das nicht der Fall, erzeugen die Gedanken so viel Tumult im Innern, dass man sogar da, wo kaum ein Automotor zu hören ist, keinen Frieden finden wird. Umgekehrt bewahrt einen eine gewisse Seelenruhe auch im hektischsten Großstadttrubel davor, die Nerven zu verlieren. Dann macht es nichts, wenn auf der Straße die Lastwagen dröhnen oder ab und zu mal eine S-Bahn zu hören ist. Man lässt die Bahn am Fenster vorbeifahren, und dann ist sie auch schon wieder weg. Nichts, was einen aus der Ruhe bringt. Wir nehmen unser inneres Gleichgewicht mit, wohin wir auch gehen.

Wohl zu allen Zeiten gab es Mönche und Äbte, die sich komplett in die Einsamkeit verkrochen, und solche, die gelegentlich in die Welt und sogar ins Rampenlicht hinaustraten. Zu viel Medienrummel schadet der Stabilität der eigenen Lebenspraxis, aber wenn man sich ganz in die Berge zurückzieht, gibt man das Ideal auf, für alle Menschen da zu sein. Der beste Weg liegt wohl wie immer in der Mitte zwischen den Extremen.

Für Antaiji bedeutet das, zwar einige Kilometer von der nächsten Kleinstadt entfernt zu sein, sich dafür aber mit einer eigenen Homepage im Netz zu präsentieren. Sogar im Fernsehen konnte man mich schon hin und wieder sehen.

Meine erste wirkliche Begegnung mit den Medien liegt mehr als zehn Jahre zurück. Zwei deutsche Filmemacherinnen kamen für eine Dokumentation in die Berge. Sie filmten den Klosteralltag, und ich wurde vor laufender Kamera immer wieder dazu aufgefordert, doch einmal frank und frei zu erzählen, wie das Leben in Antaiji denn so verlaufe. Ich konnte immer nur denken: »Seht ihr das nicht selbst?« Sie mussten doch nur die Augen aufmachen und würden alles sehen. Nichts war versteckt oder geheimnisvoll. Wir saßen vor der Wand und meditierten, wir frühstückten schweigend, wir schrubbten die Flure und arbeiteten auf den Feldern. Warum das Offensichtliche zusätzlich kommentieren? Am liebsten hätte ich zurückgefragt: »Unser Alltag ist einfach. Wir tun, was wir tun. Was das bedeutet? Gute Frage. Was bedeutet es euch?«

Natürlich kann ich die Neugier nachvollziehen, die manche verspüren, wenn sie von einem deutschen Abt in einem japanischen Zen-Kloster hören. Auch Japaner sind oft verwundert darüber, dass ein Mann aus dem Westen sich in einer Tradition heimisch fühlt, die ihnen selbst eher fremd geworden ist. Daher wiederholen sich die Fragen: »Wie konnte das passieren? Was hat dich zum Zen gebracht? Warum bist du nach Japan gekommen? Wie bist du zum Abt geworden?«

Ich antworte gern, muss aber zugeben, dass ich mich dabei immer ein wenig wie eine Giraffe fühle, die die Reaktionen der Zoo-Besucher schon auswendig kennt: »Guck mal, was für einen langen Hals die hat!« Doch die Giraffe muss wenigstens nicht begründen, *warum* sie so einen langen Hals hat. Von mir dagegen wird immer wieder erwartet, dass ich den *so ungewöhnlichen Verlauf meines Lebens* erkläre, begründe, nachvollziehbar mache. Warum mein Leben *so anders ist als das normale Leben.* Aber ist es das denn wirklich? Wer führt denn ein normales Leben? Jedes ist doch auf seine Weise einzigartig und damit das Gegenteil von normal.

Meine Freude hält sich in Grenzen, wenn meine Biografie als ungewöhnlich und besonders bezeichnet wird. Mir geht viel eher das Herz auf, vertraut mir jemand an, dass ihn mein Leben an sein eigenes erinnere. Weil durch solch einen Satz eine Gemeinschaft im Existenziellen aufscheint. Jeder von uns ist mit dem Leben, dem Tod und nicht zuletzt mit sich selbst konfrontiert und muss seine Weise finden, mit diesen großen Themen unseres Menschseins umzugehen. Sich über alles Trennende hinweg miteinander auszutauschen, bringt uns viel weiter, als immer nur Antworten zu erwarten.

Musiker werden in Interviews oft gefragt: »Wie kann man das einordnen, was Sie machen? Wie soll man es nennen? Pop, Rock oder Jazz?« Wer will den Gefragten ihr Genervtsein verdenken. Keiner lässt sich gern in eine Schublade stecken. Ein Musiker macht einfach sein Ding, und das ist Musik. Was die Kritiker dazu zu sagen haben, interessiert ihn nicht und braucht ihn auch nicht zu interessieren. Er ist kein Erfüllungsgehilfe der Medien. Es ist auch nicht seine Aufgabe, seine Musik mit einem Etikett zu versehen.

Manchmal fühle ich mich ähnlich, sitze ich vor einem Mikrofon. »Warum haben Sie dieses Leben gewählt?« Das habe ich doch gar nicht. Das Leben hat mich für diesen Weg ausgewählt. Warum? Da bin ich der falsche Ansprechpartner.

Nach der Ausstrahlung der ersten Dokumentation über Antaiji

lud man mich in verschiedene deutsche Talkshows ein. Mal sollte Weisheit das Thema sein, mal die Suche nach Glück. Einmal trat ich sogar in einer Ratesendung auf. Die Produktionsfirma der Sendung hatte sich bereiterklärt, den Flug nach Deutschland zu bezahlen, und ich nutzte die Gelegenheit, einmal wieder bei der Familie vorbeizuschauen.

In der Sendung sollte die Jury aus drei selbstverständlich glatzköpfigen Kandidaten den echten Abt von Antaiji herausfinden. Ich saß in der Mitte. Zu meiner Linken ein etwas fülliger Bibliothekar, zu meiner Rechten ein arg asketisch wirkender Ernährungsberater, Typ Gandhi. Sogar die runde Brille stimmte. Wir drei wurden von der Jury einem Kreuzverhör unterzogen. Wer sagte die Wahrheit, wer gab sich als Abt nur aus? Man fragte uns nach der Bedeutung des Namens »Muho«, unserem klösterlichen Werdegang, unserer buddhistischen Lieblingslektüre, dem Tagesablauf von Antaiji und, wie vorherzusehen, nach dem Zölibat. Meine beiden Mitstreiter machten ihre Sache glänzend. Beinahe begann ich selbst an ihre Versionen zu glauben. Zweifel kamen mir nur, als einer von ihnen erwähnte, wo der Abt von Antaiji seine Frau kennengelernt hätte: in einem japanischen Restaurant in Hamburg. Das hatte ich dann doch etwas anders in Erinnerung. Und Tomomi hoffentlich auch.

Dann wurde es spannend. Der Moderator verkündete: »Zwei Bonsai-Buddhas und ein echter Abt, gleich lüften wir die Kutte!« Die Jurymitglieder mussten sich festlegen. Drei Stimmen für Gandhi, eine für den Bibliothekar. Ich kam nicht einmal in die engere Wahl. Bei mir stimme nur die Glatze, zuhause sei ich ganz woanders. Als mit einem Tusch des Rätsels Lösung präsentiert wurde und ich als Einziger im Lichtkegel stehenblieb, gab es das erwartete Hallo, und einige Vorurteile über buddhistische Mönche lösten sich in Wohlgefallen und Gelächter aus. Auch ich freute mich. Von uns drei Kandidaten war ich offenbar die Giraffe mit dem kürzesten Hals. Bis auf die Frisur eigentlich »ganz normal«. Für einen Zen-Meister muss das ein Lob sein.

Gespräch über
die letzten Dinge

Lebenspraxis bedeutet, den Ort, an dem du jetzt stehst,

zum Paradies zu machen. Lebenspraxis bedeutet,

das Himmelreich unter deinen Füßen zu entdecken.

Sawaki Kodo

Zeit, die man sich für andere nimmt, ist nie verloren. Wie arm wäre das Leben ohne unser Interesse am Leben anderer. Noch bedrückender ist nur der Gedanke, keiner würde sich für das interessieren, was uns ausmacht und was wir gerne teilen wollen.

Auch der Buddhismus betont immer wieder die Wichtigkeit des Mitgefühls, des Mitleids, der Sorge um den Fremden, der zum Nächsten werden kann. Die Befreiung von der persönlichen Unzufriedenheit und damit vom Leiden am Leben lässt sich nicht trennen von der Befreiung der anderen. Als Abt verkörpere ich für einige Menschen eine Art Autorität. Sie kommen zu mir und bitten mich um meine Meinung bei Problemen mit der Familie, mit der Arbeit, mit sich selbst. Meine Antworten fallen mal mehr, mal weniger gelungen aus. Manchmal bleibt mir aber auch nichts anderes übrig, als die Ratsuchenden wieder auf sich selbst zurückzuverweisen. Schließlich gibt es drei Dinge, die ich niemandem abnehmen kann: Ich kann für keinen anderen leben und für keinen anderen sterben. Und für ihn aufs Klo zu gehen, das schaffe ich auch nicht.

Aber ich kann jeden daran erinnern, dass er für sich selbst Verantwortung übernehmen kann und auch muss. Gerade weil mir das Wohl des anderen am Herzen liegt, muss ich ihm sagen: Es ist dein Leben, nicht meines.

Eltern kennen das. Sie können ihren Kindern das Leben mit seinen Unwägbarkeiten und Gefahren nicht ersparen. Genauso wenig sollten sie Interesse daran haben, dass die Kinder bloße Kopien von ihnen werden. Eltern sollten die Neugier auf Fremdes und den Mut zum Eigenen vermitteln. Dann machen sie schon sehr viel richtig. Vor allem sollten sie die Zeit, die sie mit ihren Kindern verbringen, als *ihre* Zeit erleben und nicht als Pflichtprogramm. Die Zeit, die wir anderen widmen, gehört uns schließlich, so wie jede andere Minute des Tages, immer noch selbst. Es ist die Zeit des Lebens. Unsere Zeit. Wir treffen die Entscheidung ganz allein, ob wir gleichgültig oder achtsam mit ihr umgehen.

Die meisten, die unser Kloster aufsuchen, sind bereits auf die eine oder andere Art mit dem Tod konfrontiert worden. Der Tod lehrt uns auf ganz direkte Weise, dass es im Leben nicht nur darum gehen kann, Spaß zu haben oder Karriere zu machen. Selbst wenn alle unsere Träume in Erfüllung gehen, werden wir doch früher oder später aus ihnen aufwachen müssen.

Einer der Mönche von Antaiji ist als ganz junger Mann schwer mit dem Motorrad verunglückt. Er kann sich noch genau an alles erinnern. Wie sich der Rettungswagen näherte, wie sein Körper ins Innere des Wagens geschoben wurde, und dass er alles von einem Punkt sehr weit oben beobachtete, wie ein unbeteiligter Zuschauer. Er überlebte und entschloss sich nach seiner Genesung, den Rest seines Lebens dem Weg des Buddhismus zu widmen.

Bei zwei anderen Mönchen war es die Krebserkrankung der Mutter, die zum Auslöser wurde, ins Kloster einzutreten. Sie hoffen nun, durch die Praxis in Antaiji nicht nur eine Antwort auf die neue Situation für sich selbst zu finden, sondern auch ihrer Mutter auf ihrem letzten Weg besser beistehen zu können. Einer der beiden plant, sich nach seiner Ausbildung im Kloster in der Nähe der Mutter niederzulassen, um für sie da zu sein. Der andere hat sich vorgenommen, als Seelsorger in der Sterbehilfe zu arbeiten.

Ein anderer war noch ein Teenager, als er auf dem Dachboden seinen Vater fand, der sich dort erhängt hätte. Und eine Nonne, die mit uns lebt, sah sich, gerade dreißig geworden, nach dem Suizid ihres Vaters mit ganz existenziellen Fragen konfrontiert: Warum leben wir? Und wofür?

Oft tragen sich aber auch die Mönchsanwärter selbst mit Suizidgedanken. Ich erinnere mich an einen jungen Mann, der stets ein Seil in seinem Rucksack bei sich trug, für den Fall, dass sein Todeswunsch übermächtig würde. Als er eine Woche nach seiner Ankunft im Kloster plötzlich verschwand, suchten wir daher sofort nach ihm im Wald. Wie erleichtert waren wir, als wir ihn endlich fanden, friedlich an der Bushaltestelle wartend. Er hatte es sich anders überlegt und wollte nun zu seinen Eltern zurückfahren, um noch einmal von vorn zu beginnen.

Wer davon ausgeht, dass ihm sein Leben gehört, der wird auch der Meinung sein, dass nur er allein über dieses Leben bestimmen darf. Schwer vorstellbar, dass er Suizid mit Mord gleichsetzen würde. Jemanden, der seinen Besitz wegwirft, kann man schließlich auch nicht des Diebstahls beschuldigen. Selbsttötung wird so zum »Freitod«: freiwillig und selbstbestimmt. Eine Entscheidung, die ausschließlich den etwas angeht, der sie trifft.

Glaubt einer dagegen, dass ihm das Leben von Gott geschenkt worden ist, kann es für ihn kaum ein größeres Vergehen geben, als dieses Leben in Abscheu fortzuwerfen. Traditionell scheinen die drei monotheistischen Religionen Judentum, Christentum und Islam in der Verurteilung des Suizids als Sünde übereinzustimmen. Das Tötungsverbot gilt auch für das eigene Leben. Es gehört Gott, nicht dem Menschen.

Seltsamerweise erwähnt das Alte Testament an gleich mehreren Stellen Akte eines Todes auf Verlangen oder auch der Selbsttötung, ohne dass diese als Verstoß gegen Gottes Gebote verurteilt werden. Im Buch Richter wird der Herrscher Abimelech während der Belagerung der Burg von Tebez von einem Mühlstein getroffen, den eine Frau von der Mauer geworfen hat. Darin liegt Abimelechs Schande, die es ihm unmöglich macht, sein Leben fortzusetzen. Er stirbt durch die Hand eines seiner Gefolgsleute.

Im selben Buch der Bibel wird auch die ungleich berühmtere Geschichte von Samson und seiner sprichwörtlichen Muskelkraft erzählt, deren Ursache bekanntlich in Samsons langem Haar zu finden ist. Verraten von seiner Ehefrau Delila, wird Samson geschoren und geblendet. Als die Haare wieder nachgewachsen sind, bittet er Gott ein letztes Mal um ein Aufflackern der alten Kraft, die er braucht, um in einer Art Selbstmordattentat einen Tempel zu zerstören und dabei nicht nur sich selbst umzubringen, sondern auch dreitausend Philister mit in den Tod zu nehmen. Beinahe prahlt der Text damit, dass es Samson auf diese Weise gelungen ist, mehr Menschen zu töten, als er es in seinem ganzen restlichen Leben vermocht hatte. Die Sünde der Selbsttötung wird aufgewogen durch die Zahl der gleichzeitig vernichteten Feinde. Nicht anders argumentieren heute die islamistischen Dschihadisten, die den Suizid zwar verurteilen, ein Sterben »im Namen Gottes« jedoch nicht.

Im Alten Testament kann man auch vom »Eselsbegräbnis« des Tyrannen Jojakim lesen, dessen Leichnam vom Volk wie ein totes Tier vor die Tore Jerusalems geschleift wird. Im Mittelalter erging es Selbstmördern oft nicht anders. Man verscharrte sie wie Mörder unter dem Galgen. Nicht selten wurde dem Toten dabei ein Pfahl durch die Brust gerammt oder gar der Kopf abgetrennt.

Bis in die Neuzeit hinein hatte, wer sich umbrachte, kein Recht auf eine kirchliche Beisetzung. Schweigend und bei Dunkelheit begrub man die Unglücklichen, die Hand an sich gelegt hatten, auf dem Kinderfriedhof, gleich neben der Friedhofsmauer. Nur in der evangelischen Kirche konnte der Kirchenrat eine Ausnahme genehmigen. Kam er zu dem Schluss, dass der Tote zeitlebens ein guter, nie an Gott zweifelnder Christ gewesen war und allein unverschuldete »Melancholie« zur Selbsttötung geführt hatte, war der Weg für eine reguläre Bestattung frei.

Der Buddhismus bezieht dagegen weniger eindeutig Position, wenn es um Selbsttötung geht. In den an europäische Fabeln erinnernden Jataka-Erzählungen finden sich Beispiele von einem Suizid aus Altruismus. Im Zentrum der Texte stehen selten Menschen, häufiger sind es Tiere, die als frühere Reinkarnationen Shakyamunis beschrieben werden, noch suchend, noch auf dem Weg zur Buddhaschaft. Shakyamuni als Hase, der sich für einen hungernden Einsiedler ins Feuer wirft oder sich von einer Felswand stürzt, damit eine Tigerfamilie nicht verhungert. Diese Erzählungen sind sehr weit entfernt von den archaischen Rache- und Ehre-Geschichten des Alten Testaments. In ihnen geht es um Selbstaufgabe. Das Leben der anderen wird über das eigene gestellt.

Schwieriger liegt da schon der Fall der drei Mönche Godhika, Vakkali und Channa, die sich selbst die Kehle durchschnitten, weil sie unheilbar erkrankt waren. Ganze Heerscharen von Schriftauslegern und Kommentatoren haben sich über diese Selbsttötung den Kopf zerbrochen. Denn von Altruismus kann ja hier keine Rede sein. Der Suizid eines Kranken erfolgt aus dem Verlangen, das eigene Leiden zu verkürzen. Aber Verlangen erzeugt nach buddhistischer Lehre stets neues Leiden. Auch das Verlangen, Leiden zu beenden, bleibt letztlich eben doch – Verlangen. Wie also ist es zu verstehen, dass Shakyamuni die Tat der Mönche nicht nur nicht verurteilt, sondern Godhika, Vakkali und Channa sogar für erlöst erklärt hat?

Ein Dilemma, aus dem nur die Findigkeit von Gelehrten führt. Der Text wird gegen den Strich gelesen, und dann »stimmt« plötzlich alles, auch wenn es dazu so einiger Interpretationskunst bedarf. Dann lautet die Lesart: Wir müssen davon ausgehen, dass die Mönche zu dem Zeitpunkt, als sie zum Messer griffen, noch nicht erleuchtet waren. In genau dem Augenblick jedoch, in dem sie sich die Kehle durchschnitten, erweckte sie der Schmerz zur Wirklichkeit des Leidens. Es ist also möglich, in der winzigen Zeitspanne zwischen dem Tötungsakt und dem Eintritt des Todes zum Erwachen zu gelangen. Ein bereits erwachter Buddhist würde sich jedoch niemals selbst töten.

In einer anderen Schrift hören wir Shakyamuni zu seinen Schülern predigen. Er bringt ihnen die Grundwahrheiten des Buddhismus nahe: Unzufriedenheit, Vergänglichkeit und Substanzlosigkeit. Danach zieht er sich zur Meditation in die Einsamkeit zurück. Zwei Wochen später muss er erstaunt feststellen, dass sich die Reihen deutlich gelichtet haben. Sechzig Schüler haben sich in der Zwischenzeit selbst umgebracht oder haben einen anderen Mönch darum gebeten, von ihm getötet zu werden. Offensichtlich haben sie die Lehren des Buddhismus als freudlos und lebensfeindlich missverstanden. Als er davon erfährt, spricht sich Shakyamuni nachdrücklich gegen Selbsttötung aus und verbietet auch jede Beihilfe dazu. Lebensmüden Schülern empfiehlt er stattdessen, sich auf den Atem zu konzentrieren. Auf das Dasein im Moment, das entsteht und vergeht. Ganz von allein.

Shakyamuni blieb seiner Lehre auch im Sterben treu. Schon Monate vor seinem Tod ergriff ihn die Ahnung, dass sein Leben sich dem Ende zuneigte. Ohne wirklich darüber zu sprechen, suchte er doch den Austausch mit seinem Lieblingsschüler Ananda. Ein Gespräch unter Vertrauten über die letzten Dinge. Shakyamuni und Ananda, so erzählen es die Schriften, auf einer Anhöhe nebeneinandersitzend, hinab ins Tal und in den Abend blickend, überwältigt von der Schönheit der Welt.

Dann die Frage, wie probeweise gestellt, nebenbei, leicht dahingesagt und doch mit einem Ernst vorgebracht, der ihren existenziellen Kern enthüllt. Wie es wohl wäre, fragte der Meister seinen Schüler und meinte sich selbst, würde man ewig leben.

Ein Gedankenspiel, nicht mehr. Aber ich könnte mir vorstellen, dass Shakyamuni tief im Innern spürte, dass sein Schicksal, wenn er es seinem natürlichen Gang überließe, dabei war, sich zu vollenden. Zu früh, nach dem damaligen Glauben, der davon ausging, dass das Leben eines Buddhas mindestens hundert Jahre währte. Shakyamuni blieben also eigentlich noch gut und gerne zwei Jahrzehnte Lebenszeit. Er hätte den Lauf der Dinge noch ändern können, wenn er es denn gewollt hätte.

Aber der Tod machte ihm keine Angst. Die Lehre zählte, nicht die Person. Die Wahrheit, nicht ein langes Leben. Hatten seine Schüler sie bereits verinnerlicht, konnte Shakyamuni beruhigt sterben. Dann erfolgte sein Tod nicht vor der Zeit, sondern nach einem Leben, das sich erfüllt hatte.

Ananda schwieg. Shakyamuni wird es als Zustimmung gedeutet haben. Doch Ananda hatte zum Zeitpunkt des Gesprächs das Erwachen noch nicht erlangt. Er war noch nicht dazu bereit, seinen Meister gehen zu lassen. Als Shakyamuni kurz darauf an einer Speisevergiftung erkrankte, bat Ananda ihn daher eindringlich, weiterzuleben. Aber es war zu spät. Shakyamuni hatte sich bereits aufs Sterben eingestellt.

Der Buddhismus leugnet das Leben nicht. Als Shakyamuni mit sechsunddreißig Jahren zur Erleuchtung erwachte, entschied er sich dafür, mehr als vier Jahrzehnte auf Wanderschaft zu gehen und seine Weisheit mit allen zu teilen, die bereit waren, ihm zuzuhören.

Der Buddhismus hält aber auch am Leben nicht um jeden Preis fest. Als Shakyamuni am Ende vielleicht die Chance gehabt hätte, den Tod noch um einige Jahre aufzuschieben, entschied er sich dagegen.

Für alles gibt es eine Zeit. Eine Zeit zu leben und eine Zeit zu sterben.

In Würde sterben

Wer weiß schon, ob ich morgen noch leben werde?
Wer erinnert sich noch an gestern?
Was wirklich zählt, ist, was ich in diesem Moment tue.
Meine Füße müssen so fest auf dem Boden stehen,
dass mein ganzer Leib in der Erde verankert ist.

Sawaki Kodo

Aus eigener Erfahrung weiß ich, wie groß der Wunsch werden kann, ganz einfach von der Bildfläche zu verschwinden. Sich wie ein Licht auszuknipsen, Schluss zu machen mit Überdruss und Qual, Schmerz und Traurigkeit. In meiner Jugend half mir der Gedanke, dass ich meinen Tod selbst in der Hand hatte, bei meinem Versuch, die sich dehnenden Tage voller Sinnlosigkeit überhaupt durchzustehen. Heute bin ich froh, dem dunkel lockenden Sog nicht ins Unumkehrbare gefolgt zu sein.

In der Rückschau fällt es leicht, jugendlichen Weltschmerz und Lebensüberdruss zu belächeln. So mancher hielt sich schon für den letzten aufrechten Kämpfer im Duell mit der Absurdität des Daseins und musste dann erkennen, dass seine nächtlichen Gedanken bei Tageslicht jede Heldenhaftigkeit eingebüßt hatten. Trotzdem ist die Suche nach Sinn, die verzweifelt nach einem Ausweg aus dem als unerträglich empfundenen Bestehenden sucht, immer ernst zu nehmen. Jeder, der aufgibt, ist einer zu viel.

Suizid aus Liebeskummer dagegen findet seinen wahren Grund oft weniger im Gefühl, das Leben habe seinen Sinn verloren, oder im überwältigenden Schmerz, verlassen worden zu sein, als vielmehr im kleingeistigen Verlangen, den Partner bis in alle Ewigkeit leiden zu lassen. Wenn ich tot bin, wird er schon merken, was er mir angetan hat. Aber dann ist es für Reue zu spät!

Nur leider hat man selber dann auch nichts mehr davon. Ob der treulose Liebespartner wirklich den Rest seines Lebens mit Selbstbeschuldigungen zubringen wird, wird man nie erfahren. Vielleicht ist er ja sogar ganz froh, eine schwere Last für immer losgeworden zu sein.

Fast spiegelbildlich dazu verhält sich ein Suizid, der von den Zurückbleibenden als eine Form der Reue aufgefasst werden soll. Ein Chef, der seine Firma in den Konkurs geführt hat, ein Politiker, dem Korruption nachgewiesen wurde. Sie wollen mit ihrem Tod Buße tun und um Entschuldigung bitten. Weit über Japan hinaus kennt man das Harakiri der Samurai, das eigentlich »Seppuku« heißt. Der Tod durch die eigene Hand als Versuch, die befleckte Ehre wiederherzustellen. Dumm bloß, dass der vermeintlich so noble Versuch, erhobenen Hauptes aus der Welt zu gehen, nüchtern betrachtet ganz einfach nur eine Flucht aus der Verantwortung ist.

Ersuchen mich Menschen um Rat, die an der Welt verzweifeln, sage ich ihnen offen meine Meinung. Ich halte es für einen Irrtum, wenn jemand glaubt, sein Leben gehöre nur ihm allein und er könne daher nach Belieben entscheiden, ob er es annehmen oder verwerfen wolle. Wir besitzen das Leben nicht. Und wir sind nicht allein. Alles, was wir tun, betrifft auch andere. Entschließen wir uns, unser eigenes Leiden zu beenden, nehmen wir das Leiden derer in Kauf, die uns vor jedem Schmerz bewahren wollten, weil sie uns geliebt haben.

Dazu kommt, dass es zumeist nur ein kleiner Teil von uns ist, der beschließt, das Leben sattzuhaben: das Gehirn. Der Rest des Körpers will sehr wohl leben. Das Gehirn muss den Körper regelrecht überlisten, um ihn besiegen zu können, durch einen Pistolenschuss, die Einnahme von Tabletten oder einen Sprung aus großer Höhe. Nie habe ich davon gehört, dass einer einfach das Atmen eingestellt hat, obwohl das doch der einfachste Weg sein müsste, sich selbst zu töten. Für eine Minute funktioniert das vielleicht, wenn das Gehirn den Befehl dazu erteilt. Aber dann nehmen die Lungen ihre Arbeit wieder auf, weil sie gar nicht anders können.

Keiner von uns ist der, der er glaubt zu sein. Wir sind nicht ein Gehirn, das in einem Körper steckt. Wir sind ein Körper, und das Gehirn ist nur ein Teil davon. Und so, wie kein vom Körper losgelöstes Gehirn existiert, gibt es auch kein Individuum, das vom Rest der Welt getrennt ist. Das bedeutet nicht, dass eine Pflicht zum Weiterleben besteht. Aber es gibt uns eben auch nicht das Recht, eine nur von unserem Gehirn getroffene Entscheidung absolut zu setzen und mit ihr bei anderen großes Leid auszulösen.

Anders, ganz anders verhält es sich mit dem Wunsch alter oder kranker Menschen, »würdevoll« zu sterben. Ich setze das Wort »würdevoll« bewusst in Anführungszeichen, weil ich bezweifle, dass es den Punkt, um den es geht, wirklich trifft.

Es ist nicht einzusehen, warum etwa ein durch passive Sterbehilfe herbeigeführter Tod »würdevoller« sein sollte als ein langsames, qualvolles Sterben oder ein jahrelanges Dahindämmern im Bett eines Pflegeheims. Würdevoll zu sterben bedeutet nicht, ganz ohne Schmerzen aus dem Leben zu gehen. Wenn sich ein Mensch bewusst gegen die Einnahme schmerzlindernder Medikamente entscheidet, nimmt ihm das nichts von seiner Würde. Auch wer verfügt, auf der Intensivstation des Krankenhauses so lange wie nur möglich durch Maschinen am Leben gehalten zu werden, und sei es ohne Bewusstsein, behält seine Würde.

Jedes Leben, jedes Sterben muss als würdevoll gelten. Ein schneller Tod ebenso wie ein allmähliches Wenigerwerden. Gegenwärtig scheint die rechtliche Lage in vielen Ländern eindeutig zu sein. Man muss bei klarem Bewusstsein und im Voraus künstliche, lebensverlängernde Maßnahmen ausschließen, um dereinst auf natürliche Weise sterben zu dürfen. Dabei sollte es doch genau umgekehrt sein. Wenn jemand spürt, dass sich sein Körper auf das Sterben vorbereitet, sollte der Weg zum Tod nicht versperrt werden, es sei denn, jemand wünscht sich das ausdrücklich.

Das Leben in seinem natürlichen Lauf nicht zu hemmen, sollte nicht bestraft werden. Im Mittelpunkt steht schließlich immer ein Todeswunsch, der in seinen Voraussetzungen und Konsequenzen ernst zu nehmen ist. Wohl keiner neigt in diesen Dingen zur Leichtfertigkeit.

Wenn es nicht nur die Gedanken im Kopf sind, sondern sich der ganze Körper vom Scheitel bis zu den Fußspitzen den Tod herbeisehnt, muss man das akzeptieren. Auch wenn man den Atem nicht anhalten kann, so muss es doch erlaubt sein, das Trinken und das Essen immer mehr zu reduzieren und schließlich ganz einzustellen. Es muss erlaubt sein, in Ruhe sterben zu dürfen.

Ein Buddhist versucht, Leben, Altern, Krankheit und Tod so zu akzeptieren, wie sie sind. Er haftet nicht am Leben, wirft es aber auch nicht fort oder strebt nach dem schnellstmöglichen Verlöschen. Beides würde nicht zum Ziel des Lebens führen, zu einem Dasein in völliger Geistesruhe. Zum Nirwana.

Aber wer nun glaubt, das Nirwana liege wie ein ferner Schimmer irgendwo hinter dem Horizont, der täuscht sich. Das Nirwana ist zum Greifen nah. Leben, Altern, Krankheit und Tod sind mit ihm unauflöslich verbunden. Sich vom Leiden lösen zu wollen, führt daher in die Irre. In der Gegenwart, und sei sie noch so leidvoll, fehlt es uns an nichts. Das Nirwana zu erreichen bedeutet, den Augenblick in seiner Fülle wie auch in seiner Vergänglichkeit zu leben. Das ist, was Dogen meint, wenn er schreibt:

Verstehe nur ganz, dass Leben-und-Tod nichts anderes ist als Nirwana. Verabscheue es nicht als Leben und Tod, sehne es nicht herbei als Nirwana. Erst dann wird es dir gelingen, dich von Leben und Tod zu lösen.

Je verzweifelter man sich darum bemüht, das Nirwana zu finden, es womöglich sogar außerhalb von Leben und Tod vermutet, desto tiefer verstrickt man sich im Leiden. Es gibt nur einen Ausweg: Akzeptanz. Das Loslassen ist keine Flucht, sondern ein Heimkommen. Wer Leben und Tod annimmt, wird befreit. Noch im selben Augenblick hat er das Nirwana für sich gefunden.

Kirschblüten,
Vollmond und ein
kleiner Kuckuck

Du hast Angst vor dem Tod?
Keine Sorge, das Sterben ist bislang
noch jedem gelungen!

Sawaki Kodo

1968 ging der Nobelpreis für Literatur an den japanischen Schriftsteller Kawabata Yasunari. Seine Dankesrede bei der Verleihungs-
zeremonie in Stockholm eröffnete Yasunari mit der Verbeugung
vor einem seiner Vorbilder. Er zitierte ein Gedicht Dogens:

Im Frühling Blüten
Und im Sommer: Kuckuck!
Im Herbst kommt der Mond
Und Schnee bringt der Winter
Schneidend kalt und klar

Yasunari wählte das im Original den Vers-Vorgaben des traditionellen Waka-Stils gehorchende Gedicht – erst fünf, dann sieben, wieder fünf und zum Schluss zweimal sieben Silben – aus einem ganz bestimmten Grund. Es erlaubt einen Einblick in die japanische Seele.

Jeder Japan-Tourist bemerkt sofort, wie viel Aufmerksamkeit die Menschen dort dem Wechsel der Jahreszeiten schenken. Alles steht Kopf, wenn zu Beginn des Aprils die Kirschbäume (japanisch »Sakura«) zu blühen beginnen. Zur Hauptsendezeit vermelden die Fernsehnachrichten das allmähliche Erblühen der Bäume und den sich täglich ändernden Verlauf der »Sakura-Front«, einer sich durchs ganze Land ziehenden Blüten-Linie, die auf den Inseln im Südwesten Japans ihren Ausgang nimmt und sich in Richtung Nordosten verschiebt. Sie erreicht Osaka, dann Tokio, und endet schließlich auf der nördlichen Insel Hokkaido, wo die Bäume zuletzt in rosa Flammen stehen. Es gibt Fanatiker, die mit der »Sakura-Front« von Süden nach Norden reisen, um das Schauspiel immer wieder vor wechselnder Kulisse in seiner schönsten Pracht zu erleben. Für sie richtet das Wetteramt jedes Jahr eine offizielle Kirschblüten-Homepage ein, auf der sich der jeweilige Blüten-Stand in Echtzeit studieren lässt.

In den Großstädten organisieren Firmen für ihre Angestellten am ersten April-Wochenende Ausflüge in die Parks von Tokio oder Osaka. Dabei hat es Tradition, die neuen, gerade erst von der Universität ins Berufsleben gewechselten Mitarbeiter mit der Aufgabe zu betrauen, für ihre Kollegen Plätze im Park zu reservieren. Bereits einen oder zwei Tage vor dem Ausflug sieht man daher eifrige junge Menschen Reisstrohmatten unter den schönsten Kirschbäumen ausbreiten und sich dann, eingemummelt in einen Schlafsack, die noch empfindlich kalten Nächte um die Ohren schlagen. Sie bewachen das mühsam eroberte Terrain argwöhnisch und verteidigen es notfalls auch gegen kecke Angreifer.

Für einen Ausländer bleibt der Sakura-Hype wohl immer etwas gewöhnungsbedürftig. Vor allem weil viele der eingefleischten Kirschbaum-Fans die anderen Fruchtbäume und ihre nicht minder schönen Blüten wie Pflaume, Pfirsich, Apfel oder Birne kaum eines Blickes würdigen.

Nicht lange nach Ende der Kirschblüte melden sich die Insekten lautstark zu Wort, und auch der kleine japanische Kuckuck, der im Deutschen auf den wunderbaren Namen »Gackelkuckuck« hört, stimmt sein Lied an. Der schwülheiße japanische Sommer hat begonnen, mit all seinen angenehmen wie unerfreulichen Begleiterscheinungen. Beispielsweise liegt in den Sommermonaten ein solcher Dunst über dem ganzen Land, dass ein freier Blick zum Himmel kaum je möglich ist. Dafür halten die Japaner im Herbst »Mondschau«, wenn die Nächte noch warm genug sind, um zu später Stunde mit einem Glas Sake in der Hand draußen zu sitzen und den Kopf in den Nacken zu legen für einen Gruß in die Milchstraße.

Später im Jahr dreht sich alles um die leuchtend roten Blätter der »Momiji« genannten Ahornbäume, das herbstliche Pendant zur Aufregung um die Kirschblüte. Wieder berichtet das Fernsehen live von den beliebtesten Sightseeing-Spots Japans (viele davon befinden sich in den Zen-Tempeln Kyotos), und an den letzten Wochenenden des Novembers drängen sich so viele Schaulustige unter den Bäumen, dass die begehrten Blätter kaum mehr auszumachen sind.

Nach alldem kann es sicher nicht mehr überraschen, dass auch im Winter ein spezieller Brauch gepflegt wird. Er heißt »Yukimi«, was so viel heißt wie: Japaner, die auf Schnee starren.

In seinem kurzen Gedicht wird es Dogen sicher nicht allein darum gegangen sein, die Schönheit der japanischen Jahreszeiten zu preisen. Die Deutung fällt leicht, dass der Text auf einer zweiten, metaphorischen Ebene das Konkrete ins Allgemeine erhebt.

Frühling, Sommer, Herbst und Winter stehen dann für nichts anderes als für die vier Aspekte des menschlichen Daseins: Leben, Altern, Krankheit und Tod. Ein Kreis, der mit der Geburt beginnt und sich mit dem Sterben schließt.

Wichtig ist aber zu begreifen, dass ein Aspekt nicht einfach in den anderen übergeht. Wir sollten immer darum bemüht sein, der Gegenwart zu ihrem Recht zu verhelfen. Wir müssen lernen, uns jeweils ganz auf das Leben, das Altern, das Kranksein und den Tod einzulassen und den Augenblick nicht zugunsten des erst noch Kommenden zu versäumen.

Denken wir im Frühling bereits an den Sommer, werden wir blind für die blühenden Kirschbäume sein. Halten wir im Juli bereits nach dem Herbstmond Ausschau, überhören wir das Rufen des Kuckucks. Und lässt uns die Aussicht auf die Kälte des Winters vor der Zeit frösteln, bringt uns das Mondlicht nicht zum Träumen. Wenn es dann erst einmal begonnen hat zu schneien, ist es zu spät, sich den Frühling zurückzuwünschen.

Einen Pakt mit dem Leben schließen, das will fast jeder. Auf den Tod trifft das ganz bestimmt nicht zu. Was heißt es, sich auf ihn einzulassen? Und was ist das eigentlich, der Tod?

Der Satz »A ist tot« bedeutet etwas völlig anderes als »A ist todkrank« oder »A stirbt«. Der zum Tode Erkrankte ist noch Teil dieser Welt, wir können ihn atmen sehen, ohne Zweifel am Leben, bei uns. Nach dem Tod von A aber können wir dem, der nach A fragt, höchstens noch den Leichnam zeigen. Doch der Satz »A ist tot« behauptet ja gerade nicht, dass der *Leichnam* tot ist. Nein, *A* ist tot. Was zugleich heißt, dass A nicht mehr »ist«. Hat es überhaupt Sinn, von jemandem zu sagen, er »sei« tot?

Wenn man eine Weile darüber nachdenkt, kommt man in Teufels Küche. Überall zugleich öffnen sich Türen, doch hinter jeder verbirgt sich nur eine Mauer, kein Durchgang. Die Toten »sind« nicht tot, sie können nicht mehr »sein«. So gesehen gibt es überhaupt nur das Leben. Den Tod gibt es gar nicht. Ich kann leben, ich kann krank sein, ich kann sterben. Nur »tot sein«, das kann ich nicht.

In Ost und West schließen viele gläubige Menschen die Toten in ihre Gebete ein. Durch ihre Worte schenken sie den Seelen der Toten Leben, nicht in einem wie auch immer gearteten Jenseits, sondern ganz konkret, jetzt, hier, als Inhalt liebevoller Gedanken. Ob wir religiös sind oder nicht: Wenn jemand aus der Familie stirbt oder ein Freund, dann tragen wir die Erinnerung an ihn in unserem Herzen. Dann ist er bei uns. Ganz nah. Und auf diese Weise stimmt es eben doch: Wenn wir an sie denken, dann können die Toten tatsächlich *sein*. Nicht ohne Grund sagt man, dass jemand erst dann wirklich gestorben ist, wenn es keinen mehr gibt, der sich an ihn erinnert.

Am Ende des Lebens kann es ein Trost sein, Kinder und Enkelkinder um sich zu haben. Der Gedanke, dass man in ihnen weiterleben wird, kann das Loslassen erleichtern. Autoren und Maler bleiben lebendig, solange sich jemand in die von ihnen erdachten Geschichten versenkt oder beim Betrachten ihrer Bilder die Zeit vergisst. In früheren Jahrhunderten ließ sich der, der zwar nicht künstlerisch begabt war, dafür aber genügend Macht und Mittel besaß, in einem Bild verewigen, auf dass noch in Hunderten von Jahren Schulklassen im Museum vor seinem Porträt vorbeiziehen würden. Feldherren machten sich auf zu Eroberungen, nur um ihre Namen in den Geschichtsbüchern verewigt zu wissen.

Dadurch wird aus dem Wissen um den Tod unter der Hand eine höchst egoistische Sorge um den eigenen Nachruhm. Was wird aus mir, wenn ich sterbe? Der Normalbürger dürfte kaum die Hoffnung haben, dass man einmal eine Straße in seiner Heimatstadt nach ihm benennen wird. Auch in Schulbüchern wird sein Name keine Rolle spielen, und was bedeutet auch schon ein

Name? Nichts als eine Kombination aus Buchstaben, nicht weiter wichtig, bald schon vergessen.

Sich selbst zu erinnern ist weitaus wichtiger, als erinnert zu werden. Wer Angst hat, dass man ihn nach seinem Ableben vergessen wird, sollte erst einmal der Toten gedenken. Frieden mit dem Tod zu schließen setzt voraus, dass wir Frieden schließen mit den Toten in unserem Herzen. Wir sollten der Erinnerung an sie Raum geben. Dann werden wir, wenn es an uns ist zu sterben, weniger an das denken, was von uns bleibt, als an die, die wir zurücklassen müssen.

Vor einigen Jahren traf ich auf dem Flughafen von Tokio einen jungen Yoga-Lehrer. An meinen Roben hatte er mich als buddhistischen Mönch erkannt. Er kam direkt zur Sache und stellte eine Frage, die ihn wohl schon länger umtrieb:

»Hat der Buddhismus Ihnen geholfen, die Angst vor dem Tod zu überwinden?«

Ich antwortete, ohne zu zögern:

»Nein, er hat mir Mut zum Leben gegeben!«

Der junge Mann nickte. Die Angst vor dem Tod hatte ihn von Kindheit an begleitet.

»Erst vor einigen Jahren wurde es etwas besser. Ich war zwanzig, als mein Großvater starb. Am Abend hatte ich ihn noch an seinem Bett aufgesucht und gefragt, ob er sich vor dem Kommenden fürchte. Aber er schüttelte bloß den Kopf. ›Mach dir keine Sorgen‹, sagte er, ›das Sterben geht ganz einfach.‹ Am nächsten Morgen war er tot.«

Mit den letzten Worten war es dem Großvater gelungen, dem Enkel einen Teil seiner Angst vor dem Tod nehmen. Aber ich bin überzeugt davon, dass auch der junge Mann durch seine Frage dem Alten die Möglichkeit gegeben hat, mit gutem Gewissen zu sterben. Denn der wusste nun, dass sein friedlicher Tod dem Enkel Kraft geben würde.

Ein Rest an Zweifeln war aber geblieben. Anders war das Nachbohren des Yoga-Lehrers auf dem Flughafen nicht zu erklären: »Aber was ist mit *Ihrem* Tod, fürchten *Sie* sich denn gar nicht?« Nun wusste ich nicht sofort, was ich antworten sollte. Dann entschied ich mich, meinem Gesprächspartner die Geschichte von Ikkyu zu erzählen. Ikkyu, der exzentrische Zen-Mönch mit dem selbstgewählten Beinamen »Die verrückte Wolke«. Ikkyu, Held von Anime-Filmen und Zeichentrickserien, bekannt wie ein bunter Hund. Unzählige Legenden ranken sich um ihn. Am Neujahrsmorgen soll er mit einem Totenkopf durch die Straßen Kyotos gezogen sein und den gemessen flanierenden Passanten »Aufgepasst, Leute, aufgepasst!« zugerufen haben.

Er hat damit etwas Wahres getroffen. Der Beginn eines jeden neuen Jahres erinnert uns daran, dem Tod wieder ein Stück näher gekommen zu sein. Ein Grund zu feiern oder ein Grund, traurig zu sein? Für Ikkyu auf jeden Fall eine Gelegenheit, seine Mitmenschen zum Leben in der Gegenwart aufzuwecken.

Ikkyus letzte Worte mögen überraschen: »Ich will nicht sterben!« Sollte ausgerechnet er nicht auf seinen eigenen Tod vorbereitet gewesen sein? Doch das verfehlt, worum es ihm ging. Es war kein Ausruf der Verzweiflung oder der Angst. Ikkyu hatte das Leben voll ausgekostet. Er wollte uns ermahnen, es ihm gleichzutun und keine Sekunde zu verschwenden. So wie er lebte, so starb Ikkyu. Mitten im Augenblick. Es hätte ihm bestimmt gefallen, dass sein Beispiel einen jungen Yoga-Lehrer dazu brachte, etwas weniger Angst vor dem Tod zu haben.

Wann tritt der Tod ein?

Erleuchtung bedeutet, nichts zu suchen und nichts zu finden.

Wo es etwas zu finden gibt, da ist keine Erleuchtung.

Wo es nichts zu finden gibt, genau da ist die Erleuchtung.

Das, wonach du greifst, wirst du verlieren.

Am Ende bleibt dir nichts anderes übrig,

als einfach loszulassen.

Sawaki Kodo

Wohl jeder hat schon einmal von »Nahtod-Erfahrungen« gehört. Die Erzählungen von Menschen, die nur knapp dem Tod entgangen sind, die man für klinisch tot erklärt hat und die dann doch wieder zurück ins Leben gefunden haben, weisen viele inhaltliche Übereinstimmungen auf. Da ist das Zurücklassen des Körpers, da ist das Durchqueren eines Tunnels oder das Übersetzen über einen Fluss, da sind außerweltlich anmutende Lichterscheinungen und manchmal sogar Begegnungen mit engelähnlichen Wesen. Die wiederkehrenden Motive in den Erzählungen lassen

Sterbeforscher von authentischen Berichten ausgehen. Schenkt man ihnen Glauben, dürfen wir uns das Sterben wie einen Übergang in eine andere, leuchtende und friedliche Welt vorstellen. Aber diese Menschen sind dem Tod nur nahegekommen. Sie sind mit ihren Erfahrungen letztlich diesseits der Schwelle geblieben. Gewissheit über ein mögliches Jenseits werden wir erst erlangen, wenn wir keine Gelegenheit mehr haben, jemandem in dieser Welt davon zu erzählen. Alles, was wir über den Tod wissen, haben uns Lebende gelehrt. Das bleibt das niemals aufzulösende Paradoxon jedes Nachdenkens über das Sterben.

Wann genau sterben wir? Gibt es einen genau bestimmbaren »Point of no Return«? Sicher werden viele diesen Moment, in dem das Leben endet, mit dem Eintreten des Hirntodes gleichsetzen. Der amerikanische Philosoph Daniel Dennett hat einmal gesagt: »Das Gehirn ist das einzige Organ, bei dessen Transplantation man lieber der Spender ist als der Empfänger. Man sollte eine solche Operation deshalb besser eine Körper-Transplantation nennen.« Spontan lässt sich dagegen nur schwer argumentieren. Zu überzeugend erscheint Dennetts Gedanke. Wer eine neue Niere, eine Lunge oder sogar ein Herz eingesetzt bekommt, gewinnt dadurch das Leben, immer angenommen, die Operation glückt. Das mir geschenkte Organ wird nach und nach zu meinem, wird Teil meines Körpers, meines Ichs.

Aber ein transplantiertes Gehirn? Wäre das dann irgendwann auch »meines«? Oder hätte nicht eher ein mir fremdes Gehirn einen neuen, nämlich eben *meinen* Körper gefunden, den es dann *in Besitz nimmt*? Dann wäre nach der Operation »ich« plötzlich ein ganz anderer, mit einer ganz anderen Persönlichkeit, anderen Erinnerungen und anderen Fähigkeiten. »Ich« existierte dann nicht mehr. Ein mir Fremder lebte in mir, der mit meiner Stimme spräche, durch meine Augen sähe, mit meinem Mund küsste. Der

Spender des Gehirns wäre dann gar nicht der Gebende, sondern der, der mich meines Körpers beraubt hätte. Das ist es wohl, was Dennett gemeint hat. Trotzdem halte ich seine Schlussfolgerung für falsch. Ein zugegebenermaßen etwas frivoles Gedankenspiel kann vielleicht verdeutlichen, was ich meine.

Stellen wir uns zwei befreundete Ehepaare vor, sie wohnen Tür an Tür. Meinetwegen nennen wir sie Müller und Meier. Beide Ehen bleiben trotz jahrelangen Bemühens kinderlos. Bis eines schönen Tages Frau Meier ihren Mann mit der Nachricht überrascht, schwanger zu sein. Allerdings verschweigt sie ihm, dass der Vater des Kindes der freundliche Herr Müller von nebenan ist. Jetzt die Gretchenfrage: Mit wem würde man lieber tauschen, mit Meier oder Müller?

Es fällt nicht schwer, sich Daniel Dennetts Antwort vorzustellen. Sie würde das Geben dem Empfangen allemal vorziehen. Wer ist schon gerne der gehörnte Ehemann? Da scheint Müller doch das bessere Los gezogen zu haben. Er sorgt für Nachwuchs, um den er sich noch nicht einmal kümmern muss. Das aktive Prinzip gewinnt auf ganzer Linie.

Falsch gedacht. Die Identifikation mit den Problemen der Männer vergisst nämlich die Perspektive der Frauen. »Meier oder Müller«, das können auch die Gattinnen sein. Warum sollte man beispielsweise nicht gern die glücklich schwangere Frau Meier sein wollen? Warum sind wir uns so sicher, dass nur der aktive Part zählt? Dass das Gehirn den Körper besitzt und nicht umgekehrt?

Das Absolutsetzen des Gehirns bei gleichzeitiger Vernachlässigung des Körpers führt auch zur Ineinssetzung des Sterbens mit dem Hirntod. Aber wann genau der eintritt, ist gar nicht so einfach zu bestimmen. Sicher, der Tod eines Menschen muss zweifelsfrei festgestellt werden, damit beispielsweise Organe entnommen werden können. Auf dem vom Arzt ausgestellten Totenschein gibt es eine Spalte, in die der Zeitpunkt des Todes eingetragen werden muss. Aber wie lässt er sich feststellen?

Erstaunlicherweise legt da jedes Land seine eigenen Maßstäbe an. *Ob* und *wann* ein Mensch für tot erklärt wird, hängt also nicht zuletzt davon ab, *wo* er stirbt. Wer in New York schon »tot ist«, wäre in Berlin oder Tokio vielleicht noch »am Leben«. Sowohl in Japan wie auch in Deutschland muss ein Null-Linien-Elektroenzephalogramm (EEG) vorliegen, um einen Menschen für hirntot erklären zu können. Es dürfen keine Hirnwellen mehr messbar sein. Wie für jedes Messgerät gilt aber auch für dieses: Stellt man seine Präzision nur hoch genug ein, wird man immer etwas feststellen können. Dann verursachen selbst ein Wischlappen oder ein Radiergummi noch Ausschläge im EEG.

Umgekehrt weisen noch messbare Hirnwellen nicht unbedingt auf ein Fortleben des Sterbenden hin. Deshalb ist in den USA das EEG zur Feststellung des Hirntodes nicht zwingend vorgeschrieben, und in Großbritannien wird sogar ganz darauf verzichtet.

In Deutschland gelten neben den flachen Hirnwellen noch weitere Kriterien: Das Gehirn darf nicht mehr auf Nervenreize reagieren, und es muss ein Ende der Durchblutung in allen für die Versorgung des Gehirns wichtigen Gefäßen festgestellt werden. Nach Ablauf einer vorgeschriebenen adäquaten Wartezeit, die in Japan nur sechs, in Deutschland aber zwölf, vierundzwanzig bzw. zweiundsiebzig Stunden beträgt, müssen alle Untersuchungen wiederholt werden. Mehrere Ärzte müssen daran beteiligt sein, keiner von ihnen darf Interesse an einer eventuell sich ergebenden Organspende haben. Nach dem deutschen Transplantationsgesetz gilt der Hirntote zwar als »todgeweiht«, nicht jedoch als Leichnam. Seine Menschenwürde muss nach wie vor beachtet werden. Nur nach ausdrücklicher vorheriger Verfügung dürfen dem »Todgeweihten« Organe entnommen werden.

Zurück zu unserer Frage. Wann tritt der Tod ein? Wenn die zweite Feststellung aller notwendigen Kriterien die erste bestätigt? Oder früher, bei den ersten Messungen ohne Ausschlag? Ebben die Hirnwellen langsam ab oder steht alles ganz plötzlich still? Selbst in unserer technikgläubigen Zeit behält der Tod sein Geheimnis. Er entzieht sich einem exakten Zugriff. Wann er kommt, wann er da ist, wir werden es wohl nie genau wissen.

Sicher ist nur, dass bereits mit der Geburt unser Sterben begonnen hat. Keine Stunde, in der wir dem Tod nicht unwiderruflich näher kommen. Den Tod als schleichenden Prozess erleben wir bereits heute. Die Gleichung geht immer auf. Jeder Tag des Lebens ist ein Tag des Sterbens. Erfahren, wie wir sind, sollten wir daher keine Angst mehr vor dem Sterben haben.

Auch vor dem Tod als Zustand fürchten sich viele. Vor dem endlos langen Zeitraum, in dem es keine Zeit mehr gibt. Über ihn können wir uns zwar Gedanken machen, aber sie werden kaum je festen Grund erreichen. Konkrete Punkte, an denen wir unsere Angst festmachen können, gibt es also nicht. Vielleicht ist es ja gerade dieses Unbestimmbare, nicht Greifbare, das uns den Schlaf raubt. Das schwarze Loch am Ende unserer Existenz. »Du hast die Wahl. Du kannst dir Sorgen machen, bis du tot umfällst. Oder du kannst das bisschen Ungewissheit genießen«, sagte der Schriftsteller Norman Mailer. Als er noch lebte.

Der Ausgang aus Leben und Tod ist zugleich der Eintritt in Leben und Tod. Die Frage, die uns Leben und Tod stellen, enthält schon die Antwort. Ein Problem löst sich dann, wenn man es lebt. Leben wir das Problem »Leben und Tod«, lebt das ganze Universum durch uns. Unser Tag ist heute. Wir leben jetzt. Bei Dogen heißt es:

Wenn man Leben sagt, dann gibt es nichts außer dem Leben. Wenn man Sterben sagt, dann gibt es nichts außer dem Sterben. Wenn daher Le-

ben kommt, begegne ihm durch Leben, und wenn Tod kommt, begegne
ihm durch Sterben.

Das ursprüngliche Ziel jedes Buddhisten lag darin, dem Kreislauf von Leben und Tod zu entkommen und ins Nirwana einzugehen. Leben ist Leiden, meinten die alten Buddhisten, und die Befreiung vom Leiden gelinge allein durch das Ablegen von Abscheu und Gier. Vorausgesetzt natürlich, man betrachtet den Wunsch, sich vom Leiden zu befreien, nicht als die ins Äußerste gesteigerte Form von Abscheu und Gier, wofür es gute Gründe gibt. Ein einfacher Ausweg könnte dann darin bestehen, das Leben und das Sterben erst einmal anzunehmen, ohne auf die Erleuchtung zu schielen.

Darin liegt das Revolutionäre von Dogens Gedanken. Für ihn ist Buddha keiner, der Leben und Tod hinter sich gelassen hat. Dogen verschiebt das Nirwana eines Buddhas nicht in die ferne Zukunft. Wir alle können Buddha bereits heute sein. Mit jedem Atemzug atmen wir den Atem Buddhas.

Aber Vorsicht: Loslassen, Annehmen und Akzeptieren gelingen nur absichtslos. Jeder Vorsatz zerstört die Selbstverständlichkeit. Man kann sich das Loslassen nicht vornehmen. Man kann es nicht »machen«. Praxis ist keine Kraftanstrengung. Nicht ich führe das Leben, sondern das Leben führt mich.

Vergiss einfach den eigenen Leib und Geist, lass sie fahren und wirf dich
in Buddhas Haus hinein. Von Buddha getragen wirst du, indem du nur
folgst, ganz ohne Kraftanstrengung und ohne deinen Geist zu bemühen.
Frei von Leben und Sterben wirst du selbst Buddha.

Himmel und Hölle

Die Ewigkeit beginnt nicht nach diesem Leben.
Die Ewigkeit beginnt in diesem Augenblick.
Ewig lebt, wer jetzt lebt.

Sawaki Kodo

Es gibt ein Gebet des amerikanischen Theologen Reinhold Niebuhr, das mich berührt. Ein Gebet um Gelassenheit, das vor allem bekannt wurde, weil es in den Sitzungen der Anonymen Alkoholiker Verwendung findet. Es schließt mit den Zeilen:

So will ich Tag für Tag leben
Einen Moment nach dem anderen genießen
Schwierigkeiten akzeptieren als den Weg zum Frieden
Und wie Jesus
Diese sündige Welt so annehmen, wie sie ist
Und nicht so, wie ich sie gern hätte
Im Vertrauen darauf, dass Du alles recht machen wirst

Wenn ich mich Deinem Willen füge
Und dadurch glücklich genug in diesem Leben
Und noch viel glücklicher im nächsten Leben sein werde – mit Dir

Als Zen-Buddhist stelle ich mir natürlich die Frage, an wen sich der Betende wendet. Vielleicht an seinen Gott, aber möglicherweise ja auch an sich selbst. Er tritt in die Beziehung zu einem »Du« ein. Er löst sich aus der Ich-Bezogenheit, die ihn gefesselt hat. Das »Du« eröffnet dem »Ich« einen weiten Horizont, verhilft ihm zu einem klareren Blick. Das »Ich« kann nun die »sündige Welt« annehmen und sie als das, was der Fall ist, akzeptieren, ohne auf Distanz zu ihr zu gehen, weil es weiß, dass es schon in diesem Leben möglich ist, »glücklich genug« zu sein. Man muss dafür nicht auf das nächste Leben warten.

Im Buddhismus ist damit ohnehin nicht die Ewigkeit gemeint. Das nächste Leben ist nur ein weiteres Leben mit einem Anfang und einem Ende, eines von sehr, sehr vielen im Kreislauf von Werden und Vergehen, an der das bisschen Endlichkeit in unserer »sündigen Welt« bereits teilhat. So wie uns das kleine Glück hier und jetzt schon mit dem höchsten Glück verbindet.

Auch im Westen kommt es langsam in Mode, indische Glaubensinhalte für sich zu entdecken und sich auf einen Flirt mit dem Wiedergeburtsgedanken einzulassen. Die Inder betrachten das Sterben als Ende des einen und Beginn des nächsten Lebens. Doch während die Reinkarnationsanhänger in unseren Breiten ganz selbstverständlich davon ausgehen, als Mensch wiedergeboren zu werden, gibt sich die indische Lehre da verhaltener. Sie unterscheidet sechs in Frage kommende Daseinsformen: Höllenbewohner, hungrige Geister, Tiere, Dämonen, Menschen und Himmelswesen.

In welchen dieser Bereiche es mich nach der Wiedergeburt verschlägt, hängt ganz allein von meinem Karma ab. Das Karma führt Buch über mich. Oder besser gesagt: Karma ist das Buch selbst, in das *ich* mein Leben schreibe. Was ich heute denke, sage und tue, wird mein morgiges Denken, Sprechen und Tun beeinflussen. Ich pflanze täglich die Samen für mein zukünftiges Handeln. All das, was in diesem Leben nicht gekeimt hat, wird mein nächstes Leben bestimmen.

Himmel und Hölle kennen wir aus dem Christentum und aus der Dichtung. Dantes »Göttliche Komödie« beschreibt die neun Kreise des Infernos so eindrücklich, dass ihre Schilderung zum unsterblichen Geschichten- und Bilderschatz abendländischer Literatur zählt. Am Eingang der Hölle bestimmt der Hadesrichter Minos, in welchem Bereich die vor ihn tretenden Sünder künftig zu leiden haben. Nur wer zu den Glücklichen zählt, die auf den Läuterungsberg geschickt werden, bekommt die Chance, seine Sünden in fünfhundert oder ein paar mehr Jahren abzubüßen.

Ähnlich wie bei Dante entscheidet auch in der indischen Reinkarnationslehre das Karma über die in der Hölle abzuleistenden Strafen. Ein Vielfraß bekommt so lange nichts zu essen, bis er in seiner Verzweiflung beginnt, das eigene Fleisch zu verschlingen. Es gibt welche, die von einer Schlange gefressen werden, die sie kurz darauf wieder ausspuckt. Wieder andere werden bei lebendigem Leib zerstückelt, neu zusammengesetzt und dann erneut dahingemetzelt.

Oft liest man von der Unterscheidung zwischen acht kalten und acht heißen Haupthöllen. Sümpfe, Nadelberge oder gigantische Fleischwölfe umgeben sie. Manche Texte wissen noch Genaueres und berichten von exakt 136 Höllen, andere zählen sogar bis zu 100.000 verschiedene Bereiche in diesem jenseitigen Themenpark, eine »Attraktion« grausamer als die andere, aber jede genau auf das Karma des Verstorbenen zugeschnitten.

Im Unterschied zur christlichen Überzeugung währt das jenseitige Leben im indischen Glauben nicht ewig. Die exakte Länge differiert indes von Bereich zu Bereich. Manche armen Seelen haben es früher geschafft als andere. Wer am längsten in der Hölle schmoren muss, hat 3×10^{18} Jahre vor sich. Kein Pappenstiel. Aber auch wenn es wohl nur ein schwacher Trost sein kann: Das ist nur ein Bruchteil der Zeit, die ein Mensch braucht, um zum Buddha zu werden.

Prinzipiell kann als »Buddha« jeder Mensch bezeichnet werden, der als erwacht gilt. Dazu genügt es eigentlich, die Grundwahrheiten des Buddhismus vollkommen zu realisieren. Nach traditioneller Lesart bedarf es dazu jedoch eines sehr langen Zeitraums. Die Rede ist von 3×10^{56} Weltzeitaltern. Die Länge eines Weltzeitalters schätzte man im alten Indien auf 4,32 Milliarden Jahre, was etwas weniger ist als das tatsächliche Alter unserer Erde. Wenn wir diese Zahl mit 3×10^{56} multiplizieren, kommen wir auf circa 13×10^{65} Jahre. Das ist zwar bei Weitem nicht die Ewigkeit, aber trotzdem eine Zahl, die alle bekannten astronomischen Größen lässig in den Schatten stellt. Unser Sonnensystem mit seinen ungefähr 5×10^9 Jahren nimmt sich im Vergleich dazu recht jung aus, und auch seit dem Big Bang sind »erst« 14×10^9 Jahre vergangen.
Die indischen Kommentatoren bemühten sich darum, uns die abstrakte Zahl ein wenig anschaulicher zu machen und unser Vorstellungsvermögen zu beflügeln. Nehmen wir einen Granitblock, der in jeder Richtung zwanzig Kilometer lang ist, und stellen uns vor, dass ein Engel alle hundert Jahre vom Himmel herabsteigt, um mit seinem Federgewand ganz leicht über den Block zu streichen. Wie viel Zeit muss vergehen, bis der Granit auf diese Art zu Staub zerfällt? Oder wie lange würde es dauern, ein mit Senfkörnern gefülltes Gefäß von derselben Größe vollkommen zu leeren, wenn man nur einmal in hundert Jahren ein einziges

Korn herausnimmt? Die Antwort, wie auch immer man auf sie gekommen ist, lautet in beiden Fällen gleich, nämlich 4.32×10^{65} Jahre. Das ist exakt ein Drittel der Zeit, die ein Mensch für den Weg zur Buddhaschaft benötigt.

Dass unser Universum bis dahin längst in sich zusammengefallen sein wird, hat die alten Inder nicht gestört. Auch das Universum mit all seinen Lebewesen wird wiedergeboren. Auf den Big Crunch folgt ganz einfach der nächste Big Bang.

In Anbetracht derartiger Dimensionen mutet ein Aufenthalt in der Hölle mit seinen gerade mal 3×10^{18} Jahren wie ein kurzer Sonntagsspaziergang an. Dennoch wird sich einer, der in der Hölle gelandet ist, auf mehrere Weltzeitalter des Leidens einstellen müssen. Wenigstens besteht nach einigen Billiarden von Jahren die Möglichkeit, sich durch Verbesserung des Karmas für eine Wiedergeburt in einem höheren Daseinsbereich zu empfehlen. Etwa in dem der hungrigen Geister, die immer genau das haben wollen, was sie nicht bekommen können. Auf Bildern werden sie meist mit einem langen, dünnen Hals dargestellt, durch den die begehrten Leckereien niemals hindurchpassen werden. Mich erinnert das an meine Kindheit. Wochenlang hatte ich sehnsüchtig vor den Schaufenstern des Spielzeugladens gestanden. Aber wenn ich das so sehr Gewünschte dann tatsächlich unter dem Weihnachtsbaum fand, verlor es sehr schnell seinen Reiz. Ersetzt man das Spielzeug durch den Traumjob, den Ehepartner, das Lebensglück, geht es uns Erwachsenen häufig nicht anders.

Wird man als Tier wiedergeboren, sieht man sich zwar nicht wie die Bewohner der Hölle oder die hungrigen Geister unsäglichen Qualen ausgesetzt, dafür aber wird man von seinen Trieben beherrscht. Wir kennen das aus dem Zoo. Haben die Affen ihre Bananen gefressen, beginnen sie, sich zu lausen, oder hocken gelangweilt in der Ecke. Es sei denn, da ist ein Weibchen in der Nähe, dem sie imponieren wollen ... Beim Zuschauen erkennt man als Mensch sein eigenes Verhalten bisweilen ganz gut wieder.

Da die Reinkarnationslehre zu den Tieren nicht nur Primaten, sondern auch die kleinsten Organismen zählt, versteht man, wie wenig wahrscheinlich es ist, als Mensch wiedergeboren zu werden. In den unteren Daseinsformen gibt es einfach viel mehr freie Plätze für die Neuzugänge.

Der vierte Bereich gehört den zornigen Dämonen. Während die hungrigen Geister von ihrer Gier getrieben werden, befinden sich die Dämonen fortwährend im Streit. Um ein Bild von ihnen zu bekommen, muss man sich nur einen Choleriker in seiner aufbrausenden Wut und Rechthaberei vorstellen. Oder sich eine Diskussionssendung im Abendprogramm des deutschen Fernsehens zu Gemüte führen.

Im Gegensatz zu den Dämonen oder den Tieren sind die Menschen, Bewohner des fünften Bereichs, in der Lage, ihr Dasein zu reflektieren. Wir können unser Schicksal selbst in die Hand nehmen, wenn wir unzufrieden sind. Haben wir den Grund für diese Unzufriedenheit erst einmal in uns selbst gefunden, können wir unser Leben sogar ändern.

Nur wer sehr fleißig gewesen ist und gutes Karma gesammelt hat, kann sich im nächsten Leben Hoffnung auf eine Wiedergeburt im Himmel machen. Der Himmel erinnert an das Schlaraffenland. Wovon wir träumen, geht in Erfüllung. Prächtige Kleider, Delikatessen, täglich Party.

Doch die Dauer kann einem selbst im Himmel den Spaß verderben. Auch Glück wird einmal langweilig, fehlt seine Vergänglichkeit einige Tausend, wenn nicht gar einige Zehntausend Jahre lang. So lange dürfen und müssen sich die Himmelswesen vergnügen, ehe sie wiedergeboren werden. Mit viel Glück als Mensch. Für die meisten jedoch wird der Weg nach ganz weit unten führen.

Im Gedanken der Reinkarnation schließen sich die individuellen Lebensperioden zu einem Kreis. Auf den Tod folgt kein Jenseits, sondern ein immer neues Diesseits, dessen Charakter sich aus dem vorangegangenen Leben ergibt. Beantwortet wird damit eine Frage, die im Christentum kaum je gestellt wird: Woher kommen wir?

Die Wiedergeburtslehre ist älter als der Buddhismus, aber es gibt viele Buddhisten, die auch heute noch an sie glauben. Sie haben jedoch, anders als ein Christ, nicht das Ziel, in den Himmel zu kommen. Stattdessen versuchen sie, aus dem Kreislauf der Wiedergeburten auszubrechen und ins Nirwana einzugehen. Dazu ist es notwendig, den Grund der eigenen Unzufriedenheit vollkommen zu durchschauen und sich von seinem Ich zu lösen. Ein Buddha, dem das gelingt.

Das Nirwana ist kein Leben nach dem Tod. Man wird nicht ins Nirwana wiedergeboren. Das Nirwana ist der Zustand des Niemehr-wiedergeboren-Werdens. Am Ende seines Lebens hat ein Buddha sein Karma verbraucht wie eine Kerze ihr Wachs. Die Kerze erlischt, und der Buddha verschwindet aus dieser Welt, ohne eine Spur zu hinterlassen.

Im Lauf der Jahrhunderte entwickelte sich der Buddhismus zu einer Weltreligion, die sich nicht nur der Befreiung des einzelnen, sondern der Erlösung aller leidenden Wesen verschrieben hat. Diese erst lange Zeit nach dem Tod Shakyamunis entstandene Form des Buddhismus wird »Mahayana« genannt, »das große Fahrzeug«.

Ein Mahayana-Buddhist verschiebt die eigene Erlösung und versucht, als Bodhisattva zu leben und zu sterben, also als jemand, der sich auf den Weg gemacht hat, selbst Buddha zu werden. Er muss den Grund der Unzufriedenheit erkannt haben und an seiner Tilgung arbeiten. Doch er strebt nicht danach, den Zustand des Nirwana ganz allein für sich zu erreichen, sondern kommt aus freien Stücken in diese Welt zurück, um die eigene Praxis fortzusetzen und dabei allen leidenden Wesen mit Wort und Tat beizustehen.

Den tibetischen Buddhisten gilt der Dalai Lama als die gegenwärtige Inkarnation des Bodhisattvas Avalokiteshvara. Auch dieser Bodhisattva, der sich in ganz Asien großer Beliebtheit erfreut und oft mit einem Säugling im Arm dargestellt wird, widmet sich der Erlösung aller.

Stirbt ein Lama, begeben sich die Tibeter nach seinem Tod auf die Suche nach ihrem verstorbenen Meister. Sie gehen davon aus, dass ein Lama nur unter Menschen wiedergeboren wird, damit er mit dem Predigen seiner Lehre fortfahren kann. In den niederen Daseinsbereichen können die Wesen mit dem Buddhismus nicht in Kontakt kommen, und im Himmel geht es ihnen so gut, dass die Lehre auf taube Ohren stoßen würde.

Ist der Säugling gefunden, von dem die Tibeter glauben, es handle sich bei ihm um den wiedergeborenen Lama, versehen sie ihn mit allen Regalien und behandeln ihn mit dem gleichen Respekt wie seinen Vorgänger. Nach tibetischem Verständnis handelt es sich dabei schließlich um ein und dieselbe Person.

Für gewöhnlich werden Lamas nur als Männer geboren. Vor einigen Jahren konnte sich der Dalai Lama in einem Interview aber durchaus eine Ausnahme von der Regel vorstellen. Auf die Frage, ob der nächste Lama auch eine Frau sein könnte, antwortete er, freilich nicht ganz politisch korrekt:

»Selbstverständlich. Ihr Gesicht sollte allerdings attraktiv sein.« Und auf das verdutzte Nachfragen des Interviewers entgegnete er munter:

»Sie *muss* sogar attraktiv sein, sonst ist sie zu nicht viel zu gebrauchen!«

Um sich den eigenen Sexappeal im nächsten Leben aussuchen

zu können, wird man allerdings schon das Karma eines heiligen Mannes wie dem Dalai Lama haben müssen. Mindestens. Unsereins muss dagegen schon froh sein, überhaupt als Mensch in diese Welt zurückkehren zu können.

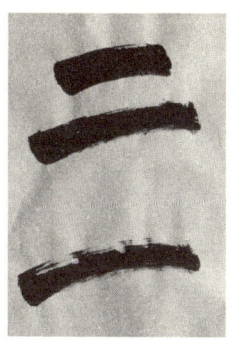

Das Große bleibt groß nicht und klein nicht das Kleine

Im Leben ist das am wichtigsten,
was sich nicht wiederholen lässt.
Alles andere können auch die Roboter.

Sawaki Kodo

Mir fällt es schwer, an die Reinkarnationslehre zu glauben. Ich glaube weit eher an eine der Grundwahrheiten des Buddhismus. Es gibt kein Ich. Das Ich ist nur eine Illusion. Was also soll dann wiedergeboren werden?

Ich kenne natürlich die Argumente, mit denen derartige Einwände entkräftet werden sollen. Es sei richtig, dass zwar das illusionäre Ich nicht wiedergeboren werden könne. Die für die Illusion verantwortlichen karmischen Faktoren früherer Lebensperioden aber sehr wohl. So wie mein gegenwärtiges Dasein von dem Karma des Jugendlichen, der ich einmal war, bestimmt wird, ohne dass der 47-jährige und der 16-jährige Muho dasselbe Ich teilten, so würden auch die Faktoren, die die Illusion des Ichs bis zum Tod prägen, ins nächste Leben vererbt.

Keine leicht verständliche Erklärung. Sie überzeugt mich auch nicht. Solange ich lebe, gewährleistet meine leibliche Existenz ein gewisses Kontinuum zwischen gestern, heute und morgen, aber nach meinem Tod wird mein Leichnam verbrannt oder begraben werden. Ein Teil von mir geht dann als Gas in die Atmosphäre ein, ein anderer wird zum Erdreich. Und im Gegensatz zum Judentum oder zum Christentum glaubt der Buddhismus nicht an die Auferstehung dieses Körpers. Was also könnte die verschiedenen karmischen Faktoren zwischen diesem Leben und dem kommenden zusammenhalten? Eine wirklich zufriedenstellende Antwort auf diese Frage habe ich bis heute nicht gehört.

In der Lehre des historischen Buddhas Shakyamuni spielt das Thema Wiedergeburt nur eine untergeordnete Rolle. Shakyamuni antwortete auf entsprechende Fragen seiner Schüler einfach nicht. Gab es ein Leben nach dem Tod? Schweigen. War mit dem Tod alles vorbei? Schweigen. Dehnten sich Raum und Zeit in die Unendlichkeit? Keine Reaktion. Immer nur Schweigen.

Erst als man nicht nachließ, ihn mit Fragen zu bestürmen, in der Hoffnung, er, der Buddha, könne für Klarheit sorgen, brach Shakyamuni sein Schweigen und antwortete, allerdings nicht so direkt, wie seine Schüler wohl gehofft hatten. Er griff zu einem Gleichnis. Wenn ein Mensch von einem Giftpfeil getroffen wird, was muss dann als Erstes getan werden, was besitzt oberste Priorität? Bestimmt nicht, sich über die Beschaffenheit der Pfeilspitze oder über die Herkunft der Federn am Pfeilende Gedanken zu machen. Wichtig ist einzig und allein, den Pfeil so schnell wie möglich zu entfernen und die Wunde zu desinfizieren.

Die konkrete Unzufriedenheit mit dem Leben, hervorgerufen

durch die Bezogenheit aufs Ich, ist der Giftpfeil, der in uns steckt. Um sie sollten wir uns kümmern, statt uns in Spekulationen über das Jenseits zu verlieren. Es hat wenig Sinn, sich über ein Leben nach dem Tod den Kopf zu zerbrechen, wenn wir es noch nicht einmal schaffen, das gegenwärtige Leben erfüllend zu gestalten.

Mehrmals wurde ich in den letzten Jahren von japanischen Familien darum gebeten, für sie Beerdigungszeremonien abzuhalten, und auch vor den Altären in den Häusern lese ich regelmäßig die Sutren. Ich komme diesen Bitten gerne nach. Meine puritanischen Vorstellungen vom »wahren Buddhismus« à la Shakyamuni habe ich längst ad acta gelegt. Trotzdem gerate ich regelmäßig in Verlegenheit, erkundigen sich die Hinterbliebenen nach dem Ort, an dem die Toten sind. Muss man zu den Gräbern pilgern, um zu ihnen zu beten, oder genügt es, ihrer vor dem Butsudan zu gedenken? Über welche anderen Gaben außer dem obligatorischen Weihrauch würden sie sich freuen?

Die japanischen Vorstellungen vom Reich der Toten sind nicht ganz einfach zu durchschauen, was nicht zuletzt am Einfluss chinesischer Volksreligionen liegt, die an eine Teilung der Seele nach dem Tod glauben. Nur der geistige Teil geht ins Jenseits ein, der körperliche kehrt zur Erde zurück. Daraus hat sich die Lehre von einer dritten, in der Welt der Menschen verbleibenden Seele entwickelt. Der Taoismus verkompliziert das noch, wenn er die Auflösung der Seele eines Verstorbenen in gleich zehn verschiedene Bestandteile postuliert. Einer wandert ins Jenseits, einer verbleibt im Grab, und ein dritter findet seinen Platz bei der Ahnentafel im Hausaltar. Das erklärt, warum in Japan sowohl die Familiengräber als auch die Hausaltäre regelmäßig aufgesucht werden, um zu den Verstorbenen zu beten und ihnen Opfergaben darzubringen.

Von den verbleibenden sieben Bestandteilen der Seele soll im Übrigen während der ersten neunundvierzig Tage nach dem Tod jede Woche einer zu den Elementen zurückkehren. Nach einer Version stehen diese Bestandteile für die sieben Öffnungen der Sinnesorgane im Kopf (Augen, Ohren, Nase und Mund), nach einer anderen steht die Zahl für die sieben Emotionen: Freude, Ärger, Trauer, Furcht, Reue, Liebe und Hass.

In Japan und China geht man wie in eher katholischen Regionen davon aus, dass nach dem Tod ein Richter auf den Verstorbenen wartet. Das Dumme dabei: Der Prozess wird in regelmäßigen Abständen neu aufgerollt. Am ersten, dritten, siebten, dreizehnten, dreiunddreißigsten und schließlich fünfzigsten Todestag müssen sich die Verstorbenen noch einmal vor einer höheren Instanz verantworten und sich davor fürchten, in einen weniger angenehmen Bereich des Jenseits verbannt zu werden. Es sei denn, die Hinterbliebenen zeigen sich nicht geizig bei ihren Spenden an den Familientempel. Dann wird der Priester ein gutes Wort bei Gericht einlegen. Zumindest behauptet er das.

Aber wo sind denn nun die Toten? In Ermangelung eines buddhistischen Katechismus, der Eindeutigkeit schaffen könnte, kursieren unter den Priestern die verschiedensten Antworten. Die Verstorbenen befinden sich im Grab oder im Butsudan. Sie leben in einer »anderen Welt« weiter. Sie halten sich im Nirwana auf, obwohl das ja gar kein Ort ist.
Die Anhänger des Amida-Buddhismus wähnen die Verstorbenen an der Seite des Buddhas Amitabha im Reinen Land, während man andere die ganz und gar unbuddhistische Hoffnung äußern hört, die Ahnen seien in den Himmel aufgestiegen, und der Shintoismus von der unsichtbaren Existenz der Toten ganz in unserer Nähe überzeugt ist.

Wenn man daher mich nach dem Totenreich fragt, bleibt mir nur eins zu sagen. Jeder soll seine Ahnen so ehren, wie er selbst später einmal geehrt werden will. Ob die Großmutter oder der Großvater nun seit dreiunddreißig oder seit fünfzig Jahren tot sind – solange sie jemand am Grab oder vor dem Hausaltar aufsucht, wird er sie dort auch treffen. Und nur weil sie jetzt im Lande Buddhas leben, müssen sie sich nicht mit vegetarischem Essen begnügen. Auch in der »anderen Welt« werden sie sich noch über eine Zigarre und ein Glas Wein freuen.

Nichts liegt den Japanern ferner als Dogmatismus. Doch obwohl sich viele von ihnen als areligiös bezeichnen, gibt es kaum einen, dem die Ahnen nicht am Herzen liegen würden, egal, ob er nun tatsächlich eine Verantwortung für das jenseitige Seelenheil der Verstorbenen fühlt, die Ahnen um Schutz und Beistand bittet oder einfach schweigend die Hände faltet und mit einem dankbaren Gesichtsausdruck den Kopf vor dem Altar senkt. Ich akzeptiere diese Vielfalt der Einstellungen zu den Toten und weiß sie inzwischen auch zu schätzen.

Vor einigen Jahren besuchte ich meinen Freund Werner Penzel, der auf einer Insel im japanischen Binnenmeer lebt. Zusammen mit seiner Frau hat er in einer alten Dorfschule ein Café eingerichtet, in dem auch Lesungen, Konzerte und Ausstellungen stattfinden. Menschen mit den verschiedensten Geschichten begegnen sich an diesem Ort des Austauschs, der sich »Nomadomura« (»Nomadendorf«) nennt und dessen Motto lautet: »Dieser Augenblick ist nicht derselbe«. Alles ist im Fluss, und wer glaubt, den Fluss zu sehen, nimmt ihn schon nicht mehr wahr.

Bei meinem Besuch fiel mir mitten zwischen den wildesten Kunstwerken an den Wänden ein schlichtes Blatt Papier auf, das man offensichtlich aus einem linierten Block gerissen hatte. Ich trat näher heran und sah eine Handschrift, die auf einen starken und klaren Geist schließen ließ. Ein Brief. Als ich ihn auf das Blatt ansprach, erklärte mir Werner die Hintergründe:

»Diesen Brief hat meine Mutter genau eine Woche vor ihrem Schlaganfall geschrieben. Als man mich aus dem Krankenhaus anrief, flog ich sofort nach Deutschland. Vierundzwanzig Stunden nach dem Anfall war ich bei ihr auf der Intensivstation. Ich traf sie bei vollem Bewusstsein an. Ihre rechte Körperhälfte war zwar gelähmt, doch ihr Gesicht war völlig intakt und ihr Blick so klar wie eh und je. Nur sprechen konnte sie nicht.

Ich wusste sofort, was sie mir mit ihren Augen sagen wollte, mit dem vorwurfsvollen Blick auf die Infusion, die ihr Flüssigkeit zuführte. Der Chefarzt hatte sich festgelegt. Patientenverfügung hin oder her, er werde die Frau in seinem Krankenhaus nicht verdursten lassen. Erst wenn sie in der Lage sei, wieder selbst aus einem Schnabelbecher zu trinken und Brei zu sich zu nehmen, könne über eine Entlassung entschieden werden.

Das gab ich an meine Mutter weiter. Ich machte ihr klar, dass sie das Essen noch einmal neu lernen musste. Mit dem gesunden linken Arm den Becher, die Schale halten und Nahrung zu sich nehmen, wenn sie zum Sterben nach Hause wollte. Ich versprach ihr, so lange an ihrer Seite zu bleiben. Zum großen Erstaunen der Ärzte schaffte sie es innerhalb von nur einer Woche, wieder selbstständig zu essen und zu trinken.

Ein Krankenwagen brachte sie heim. Beim Anblick der gewohnten Umgebung entfuhr ihr ein jubelndes ›Jaaaa‹. Sie hatte es geschafft. Wir stellten ihr ein Bett ins Wohnzimmer, und eines Abends sang ich ihr Brechts *Lied von der Moldau* vor, das so trostreich vom ewigen Wechsel der Zeiten erzählt:

Am Grunde der Moldau wandern die Steine
Es liegen drei Kaiser begraben in Prag.

Das Große bleibt groß nicht und klein nicht das Kleine.
Die Nacht hat zwölf Stunden, dann kommt schon der Tag.

Danach konnte ich mich leichten Herzens von ihr verabschieden und nach Japan zu meiner Frau und zu meinen Kindern zurückfliegen.

Man erzählte mir, wie es weitergegangen ist. Dass meine Mutter von Tag zu Tag weniger Brei gegessen und irgendwann auch das Trinken auf ein Minimum reduziert hat. Schließlich ist sie eines Vormittags, knapp vier Wochen nach dem Schlaganfall, gestorben. Sie ist im Beisein meines Vaters, meines Bruders, der Pflegerin und des Hausarztes ganz sanft und friedlich eingeschlafen.«

Wer auf ein erfülltes Leben zurückblicken kann, vermag leichter loszulassen, egal an welchen Gott oder Buddha er glaubt. Schafft es ein Mensch, sich aus der Ich-Bezogenheit zu lösen, macht sein Bedauern über das Ende des Lebens einem Gefühl der Dankbarkeit Platz. Gedanken an die Zurückbleibenden befreien ihn von seiner Angst vor dem Tod.

Nun wusste ich, was es mit dem Blatt an der Wand des Cafés auf sich hatte, und ich las noch einmal den Brief, den Werners Mutter sieben Tage vor ihrem Schlaganfall an ihre beiden in der Ferne lebenden Enkelinnen geschrieben hatte:

Liebe L. und liebe S.!
Wenn ich jetzt bald einmal sterbe, dann sollt Ihr noch diesen kleinen Brief von mir bekommen. Seid nicht allzu traurig – ein bisschen schon – das ist ja normal. Wir haben doch viele schöne Tage zusammen verbracht, und dafür kann man nur dankbar sein. Ich denke nämlich Folgendes:
Mein Körper ist alt und funktioniert nicht mehr richtig und deshalb muss er begraben werden. Meine Seele lebt weiter und wird vom lieben Gott

vielleicht als Schutzengel eingesetzt. Wenn Ihr dann einmal einen Schutz-
engel braucht, bin ich sicher zur Stelle!

Was wir uns angewöhnt haben, »ich« zu nennen, wird sich bei unserem Tod auflösen wie ein Regentropfen, der ins Wasser fällt. Der Regentropfen kehrt ins Meer zurück. Das Meer, das ist die Ewigkeit, die immer schon begonnen hat, schon jetzt, in diesem Leben. Das Meer enthält das Wasser, aus dem der Tropfen besteht. Er war nie vom Meer getrennt und wird es niemals sein.

Der Reinkarnationsgedanke drückt nur die eine Hälfte der Wahrheit aus: Ja, das Leben, das jeder Einzelne von uns lebt, endet nicht mit dem Tod. Aber das heißt nicht, dass die Illusion des Ichs überlebt. Diesen Tropfen gibt es nur einmal. Wenn er sich auflöst, ist er verschwunden für immer. Doch das Wasser, aus dem er bestanden hat, existiert weiter. Aus ihm entstehen neue Tropfen. Immer und immer wieder.

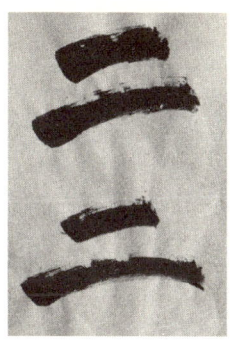

Nichts Heiliges, nur offene Weite

Alle reden von der Realität, aber die ist
nur ein Traum. Erst wenn du stirbst, erkennst du
den Traum. Beeil dich! Besser, du erwachst
bereits im Leben aus ihm.

Sawaki Kodo

Bei der Geburt erhält der Mensch einen Stapel Karten. Jeden Tag, an dem er fortan lebt, muss er eine Karte abgeben. Am Anfang merkt er kaum, dass der Stapel abnimmt. Es geht so langsam, und der Vorrat scheint unerschöpflich. Die Jahre verstreichen, noch immer reicht die Zahl der Karten aus für das Gefühl: Es kann nichts passieren. Doch dann kommt der Moment, der wie ein Tag im Herbst ist, an dem man zum ersten Mal die herannahende Kälte spürt. Von da an beginnt die Zeit zu rasen. Der Stapel wird kleiner und kleiner. So viele Karten hat man weggegeben, ohne sich wirklich Gedanken darüber zu machen. Die Tage sind vergangen, im Nachhinein ist es kaum zu verstehen.

Und die wenigen Karten, die noch bleiben, weisen schon voraus auf die letzte, die das Spiel beendet.

Der Pessimist starrt auf den kleiner werdenden Stapel und geht mit der Gewissheit durch die Zeit, immer mehr vom Geschenk des Lebens hergeben zu müssen. Der Optimist gibt die Karten mit Freude ab, denn er tauscht sie jeden Tag gegen eine neue Erfahrung. Aber auch er weiß, dass er irgendwann mit leeren Händen dastehen wird. Vielleicht hat er sogar mehr Angst vor diesem Tag als der Pessimist, hat dieser sich doch schon lange mit dem Unabwendbaren abgefunden.

Ich glaube nicht an das Bild der zur Neige gehenden Karten. Nicht mehr. Als Heranwachsender hätte ich am liebsten den ganzen Stapel auf einmal weggeworfen, um den mir sinnlos erscheinenden Prozess des Lebens schnell zu einem Ende zu bringen. Nun aber bin ich der Überzeugung, dass jeder immer nur eine einzige Karte in der Hand hält. Für jede Karte, die wir ausspielen, bekommen wir eine neue zugeteilt. Jeder Tag ist gleichzeitig der erste und der letzte unseres Lebens. Das wiederholt sich Tag für Tag. Immer geben wir eine Karte ab und erhalten die nächste. Keine Karte gibt es zweimal. Jede verweist auf einen einzigartigen Augenblick, der »Jetzt!« heißt und den wir nur erleben, wenn wir bereit sind, ihn gehen zu lassen. So, wie wir unseren Atem gehen lassen.

Sterben ist wie das Ausatmen. Wir müssen jeden Tag unzählige Male tief ausatmen, damit wir wieder einatmen können. Mit jedem Einatmen werden wir neu geboren. Das Leben nimmt mit den Atemzügen nicht ab. Es vergeht und entsteht immer neu. In jedem Atemzug steckt bereits das ganze Leben, der ganze Tod. Kein Grund zur Furcht.

Heute erkenne ich, dass die Fragen, über die ich mir als Jugendlicher den Kopf zerbrochen habe, falsch gestellt waren. Nicht das

Leben ist das Problem, sondern wie ich mit dem Leben umgehe. Ich habe die Wahl, das Leben als eine unbeantwortbare Frage zu verstehen oder als die Antwort selbst. Zen lehrte mich loszulassen – die Vorstellung eines versteckten »wahren Selbst«. Die fixe Idee, das Leben müsse einen bestimmten Sinn haben. Die Suche nach Erleuchtung oder nach Glück oder wonach auch immer.

Zu lange hatte ich es mir in meiner eigenen geistigen Welt gemütlich gemacht und nicht bemerkt, dass sie ein Kerker war. Zen führt nicht nach innen, sondern öffnet ein Fenster nach außen. Ich hatte geglaubt, spätestens mit der Erleuchtung in alle Geheimnisse unseres Daseins eingeweiht zu sein. Ich musste lernen, dass es nicht so einfach ist. Oder auch, dass es viel einfacher ist, als ich mir vorgestellt hatte. Ich war nur immer in die falsche Richtung gelaufen. So wie ein Esel. Immer der Karotte nach, die man ihm vor die Nase hält.

Wahrscheinlich gab es in Indien schon in uralten Zeiten viele Wegsuchende, die sich vom Buddhismus der Weisheit letzten Schluss erhofften. Man sagt, dass es der indische Mönch Bodhidharma war, der um das Jahr 500 herum Zen von Indien nach China brachte. Der chinesische Kaiser nahm Bodhidharma persönlich in Empfang:

»Seit ich den Thorn bestieg, habe ich mich für die Verbreitung der buddhistischen Lehre in China eingesetzt. Ich habe Tempel errichtet, Buddha-Statuen anfertigen lassen und viele Mönche und Nonnen mit Stipendien bei ihrem Studium der Lehre unterstützt. Bitte sagt mir, ehrwürdiger Bodhidharma, welche Verdienste hat meine Wenigkeit mit diesen Taten errungen?«

Bodhidharma antwortete:

»Kein einziges.«

Das entsprach so gar nicht den Erwartungen des Kaisers. Fest hatte er daran geglaubt, dass ihm sein Engagement für den Buddhismus irgendeinen Lohn einbringen würde. Wenn nicht in diesem Leben, dann doch wenigstens im nächsten.

Wir alle sind wie dieser chinesische Kaiser. Jeder verspricht sich einen Ertrag aus dem, was er tut. Nicht einmal das Leben selbst nehmen wir so an, wie es ist. Auch von ihm erhoffen wir uns etwas und glauben, ohne diese Hoffnung sei es nicht lebenswert.

Bodhidharma wollte den Kaiser nicht verletzen. Schon gar nicht ging es ihm darum, ihn zu noch mehr Wohltaten herauszufordern. Er hoffte lediglich, den Kaiser etwas über Zen lehren zu können.

Der Kaiser verstand nicht. Oder er wollte nicht verstehen. Seine nächste Frage zeigte das deutlich:

»Was ist die eine heilige Wahrheit, um die es im Buddhismus geht?«

Bodhidharma antwortete:

»Nichts Heiliges, nur offene Weite!«

Stellt man sich den Kaiser vor, muss man an einen Mann am Strand denken, der verzweifelt versucht, nach dem Sand zu greifen und ihn in seinen Händen zu bergen. Und Bodhidharma ist der, der ihm klarmachen möchte, dass er doch gar nichts festhalten kann. Wir alle müssen nur die Hände öffnen. Am Sand des Lebens wird es uns niemals fehlen.

Der Kaiser ärgerte sich zusehends über den respektlosen indischen Mönch. Eines aber wollte er doch noch wissen:

»Wer bist du eigentlich?«

Bodhidharma antwortete:

»Ich weiß es nicht!«

Auch darin drückt sich die Einstellung des Zen aus. Bodhidharma lässt die Frage als Frage stehen und unbegreifbare, abstrakte Begriffe wie »Ich«, »Gott«, »Leben« oder »Tod« einfach los.

Nach seiner Begegnung mit dem Kaiser zog sich Bodhidharma für neun Jahre in die Berge zurück. Er meditierte in einer Höhle.

Gerüchte über ihn verbreiteten sich im ganzen Land, und viele machten sich auf den Weg, um ihn um Rat zu fragen. Aber Bodhidharma ignorierte alle Besucher. Er saß schweigend mit dem Gesicht zur Wand.

Der Erste, der Bodhidharma wieder zum Sprechen brachte, war Huike, heute als zweiter Patriarch des Zen in China bekannt. Der Legende nach musste er allerdings erst im tiefsten Winter eine Nacht im Schnee zubringen und sich sogar den linken Arm abhacken, bis Bodhidharma von seiner Ernsthaftigkeit überzeugt war. Nachdem sich Bodhidharma endlich umgewandt hatte, bat ihn Huike, seinem Geist Frieden zu verleihen.

»Bring mir deinen Geist, und ich werde ihm Frieden geben.« Huike schwieg eine kleine Weile. Dann erwiderte er:

»Ich habe ihn gesucht, doch der Geist lässt sich nicht greifen.« Bodhidharma sagte:

»Sieh, so hat dein Geist Frieden gefunden!«

Der Esel kann der Karotte so lange nachlaufen, wie er will. Schnappen wird er sie nie. Aber wenn er eine kleine Pause einlegt, wird er bald nicht einmal mehr wissen, warum er sich so lange an der Nase hat herumführen lassen. Er wird feststellen, dass ihm überhaupt nichts fehlt zum Glücklichsein.

Wenn ich auf meine Jahre in Antaiji zurückblicke, dann kommt es mir vor, als ob auch ich lange nach meinem Geist gesucht habe, ohne ihn greifen zu können, immer in der Hoffnung, mein Meister möge ihn erleuchten. Wie Huike musste auch ich erkennen, dass ich Frieden nur finden würde, wenn ich ihm nicht mehr hinterherjagte.

Durch die Praxis des Zen habe ich zumindest ein bisschen gelernt, von mir abzusehen und die Augen für die Welt zu öffnen, mich selbst in der Welt zu entdecken. Ich habe gelernt, dass es nicht darum geht zu fragen, was die anderen für mich tun können, und ich versuche, auch heute noch zu lernen, was ich für die anderen tun kann.

Ich bin dankbar und glücklich, am Leben zu sein, und möchte etwas zurückgeben, anstatt noch mehr Zufriedenheit, Glück oder Sinn zu fordern, ohne zu wissen, worin diese Zufriedenheit, dieses Glück oder dieser Sinn eigentlich bestehen könnten.

Denn das Leben benötigt keine Begründung und keinen tieferen Sinn. Die Tatsache, dass wir leben, jetzt, in diesem Augenblick, dass wir atmen, die Klänge der Welt hören und über all das auch nachdenken können, ist schon kein kleines Wunder und mehr als genug. Wir sollten es machen wie Vogel und Fisch, von denen Dogen schreibt:

Ein Fisch, der im Wasser schwimmt, stößt an kein Ende, so weit er auch schwimmt. Ein Vogel, der am Himmel fliegt, stößt an keine Grenze, so weit er auch fliegt. Fisch und Vogel waren von Beginn an ungetrennt von ihren Elementen, von Wasser und Himmel. Brauchen sie viel, nehmen sie viel. Brauchen sie wenig, nehmen sie wenig. Niemals kommt es vor, dass sie ihr Element nicht ganz ausfüllen. Es gibt für sie keinen Ort, an dem sie sich nicht ganz entfalten.

Wenn ein Vogel den Himmel verließe, würde er auf der Stelle sterben. Verließe ein Fisch das Wasser, würde er auf der Stelle sterben. Denk daran, dass Leben durch das Wasser gelebt wird. Denk daran, dass der Himmel Leben vollbringt. Der Vogel verkörpert Leben, der Fisch verkörpert Leben. Und durch das Leben soll der Vogel verkörpert sein, und durch das Leben soll der Fisch verkörpert sein.

Würde ein Vogel den Himmel vermessen, ehe er fliegt; würde ein Fisch das Wasser vermessen, ehe er schwimmt – er fände weder Weg noch Ort zum Leben.

Der Mensch dagegen blickt auf zum Himmel oder hinaus aufs Meer und seufzt: »Könnte ich nicht auch so leben wie dieser

Vogel oder dieser Fisch? Wie frei sie sich in der unbegrenzten Weite bewegen!«

Im Flug des Vogels, im Schwimmen des Fisches verwirklicht sich das ewige Leben, immer neu, unhinterfragt, ganz selbstverständlich. Der Mensch, mit Vernunft begabt, fühlt sich den Tieren überlegen. Nur manchmal sehnt er sich nach ihrer Arglosigkeit und vermag sie doch nie zu erreichen. Wir Menschen sind zum Denken bestimmt. Es gehört zu unserer Natur. Doch wir müssen den Gedanken nicht alle Macht überlassen. Wir können versuchen, Kopf und Körper in Einklang zu bringen, und wir sollten begreifen, dass unsere Gedanken, auch die bedrückendsten, ein Geschenk des Lebens sind. Wir dürfen es umso dankbarer empfangen, je weniger wir an ihm festhalten.

Das Schicksal schlägt zu
wie ein Blitz

Ich bin dankbar für alles im Leben. Dafür, dass ich in Armut
geboren wurde, dass meine Eltern früh gestorben sind,
dass ich von zuhause weggelaufen bin und auch als Mönch einiges
durchgemacht habe. Ich bin dankbar dafür, dass ich heute wie
eine Blume, die der Sonne entgegenwächst, mein ganzes Wirken
nach dem Buddhaweg richten kann.

Sawaki Kodo

»Ich weiß es nicht«, lautete Bodhidharmas Antwort auf die Fragen des Kaisers. Ich zitiere den Satz gerne, wenn man von mir
wissen möchte, wie ich mir meine Zukunft vorstelle. Ob ich bis
an mein Lebensende in Antaiji bleiben werde? Oder mich eines
Tages am Fuß der Berge zur Ruhe setzen werde? Ich weiß es
nicht.
Bisher warf das Leben meine Pläne stets über den Haufen und
schuf stattdessen Fakten. Hätte man mir mit sechzehn gesagt,

ich würde dreißig Jahre später als Abt in einem japanischen Zen-Kloster leben, hätte ich nur gelacht. Bis vor gar nicht so langer Zeit war ich mir noch sicher, eines Tages wieder nach Deutschland zurückzukehren. Heute denke ich anders darüber, obwohl es für mich gar keine Verpflichtung gibt, meinen Lebensabend hinter Klostermauern zu verbringen. (Nur am Rande bemerkt: Antaiji hat keine Mauern!) Findet sich ein Mönch, der bereit ist, mir als Abt nachzufolgen, bin ich frei zu gehen, wohin immer ich will. Natürlich könnte ich auch schon heute das Handtuch werfen, aber dazu gibt es keinen Grund. Ich bin froh, Abt von Antaiji zu sein, und bin dankbar für das Leben, das mir diese Aufgabe geschenkt hat. Aber ich klammere mich auch nicht daran.

Vielleicht liegen noch dreißig oder mehr Jahre vor mir, vielleicht auch sehr viel weniger. Ich ahne, dass mein Lebensweg noch die eine oder andere scharfe Kurve nehmen wird. Auf das, was sich hinter den Kurven verbirgt, bin ich jetzt schon gespannt. Das Leben ist ein Fortsetzungsroman. Keine Chance, vor der Zeit ein Blick aufs Ende zu erhaschen. Wir müssen uns schon bis zur letzten Lieferung gedulden.

Ich weiß nicht, was aus mir werden wird, wenn ich sterbe. Ob ich mich dann in Nichts auflöse oder wiedergeboren werde, mich in der Hölle oder im Himmel wiederfinde. Aber ich muss es ja auch gar nicht wissen. Der Spruch mit der Vorfreude, die die schönste sei, gilt auch dann, wenn es ans Sterben geht.

Schaue ich zurück, fällt mir spontan keine Weggabelung ein, an der ich mich besser für die andere Richtung entschieden hätte. Selbstverständlich habe auch ich wie jeder Mensch eine ganze Menge Fehler gemacht. Aber ohne sie hätte ich eben auch weniger gelernt. Fehler helfen einem dabei, einen Schritt zurückzutreten und sich selbst weniger wichtig zu nehmen. Leider bewahren einen alte Dummheiten aber nicht immer davor, neue zu begehen.

Noch immer kommt es vor, dass ich buchstäblich auf die Nase falle. So wie letztes Jahr, als die Leiter umstürzte, die ich zum Schneiden der Äste an eine hohe Zeder gelehnt hatte. Hätte ich besser aufgepasst, wären mir einige Schmerzen erspart geblieben. Meine fehlende Vorsicht brachte mir einen gebrochenen Knöchel und eine mehrmonatige Zwangspause bei der Feldarbeit ein. Doch war auch Glück im Spiel, denn es hätte weitaus weniger glimpflich ausgehen können. Und ich muss trotz allem dankbar sein. Dafür, dass ich genug fleißige Mönche im Kloster habe, die sich auch dann um die Landwirtschaft kümmern, wenn ich zur Untätigkeit verdammt bin und nur am Schreibtisch sitzen kann.

Zen beschäftigt sich mit dem Augenblick, weil kein anderer Zeitpunkt existiert, an dem ich mein Leben leben könnte. Ich kann den Atemzug von vorgestern nicht wiederholen und ich kann auch nicht für morgen »voratmen«. Was vielleicht paradox anmutet: Auch Vergangenheit und Zukunft sind Teil der Gegenwart. Wenn die Zukunft eine Blume ist, dann muss ich *jetzt* ihren Samen säen. Wachsen wird die Blume dann auf dem Boden, den die Vergangenheit bereitet hat. Dogen schreibt:

Das Erwachen des Geistes und das Erreichen des Weges werden vom pausenlosen Entstehen und Vergehen während eines Augenblickes ermöglicht. Gäbe es das Entstehen und Vergehen in diesem einen Augenblick nicht, dann könnte das Schlechte aus dem vorigen Augenblick nicht vergehen. Könnte das Schlechte aus dem vorigen Augenblick nicht vergehen, dann könnte sich auch das Gute im nächsten Augenblick nicht manifestieren.

Jetzt ist der Moment, um das Leben zu ändern. Selbst wenn wir den vorigen Moment verpasst haben sollten, macht das nichts. Es gibt keine Sekunde, in der wir nicht zum Geist des Weges erwachen könnten. An jeder Stelle des Films ist ein Schnitt möglich.

Uns fällt der Schnitt so schwer, weil wir glauben, dieser Augenblick sei nur die Fortsetzung des vorigen. Aber so ist es nicht. Jeder Augenblick ist neu. Wer das begreift, hat sich aus seiner Ich-Bezogenheit gelöst und ist zum Leben erwacht.

Als Mensch geboren, hast du jetzt die einmalige Gelegenheit, den Weg zu gehen, verschwende nicht deine Zeit! Dem Buddha-Weg in diesem Leben zu begegnen – wie könntest du diese Gelegenheit ungenutzt lassen und fliegenden Funken nachblicken?

Dein Leben ist wie der Tau im Gras. Das Schicksal schlägt zu wie ein Blitz. Dein Körper hat keinen Bestand, in einem Augenblick musst du ihn aufgeben. Du hast die Lehre gelernt wie ein Blinder, der einen Elefanten ertastet, und ich hoffe, dass du keine Angst bekommst, wenn du dem wirklichen Drachen begegnest.

Übe den direkten Weg der Wahrheit mit Leib und Seele, respektiere den Müßiggänger, der jenseits jedes Lernens ist. Die Schatzkammer öffnet sich von selbst. Es liegt an dir, sie auszuschöpfen.

Mit dem Bild der Schatzkammer bezeichnet Dogen das, was jedem von uns so nah ist, das wir aber gerade deshalb oft nicht sehen können: unsere eigene Natur. Es geht nicht darum, sie bloß zu erkennen oder gar intellektuell zu verstehen. Nein, es geht darum, sie im täglichen Leben umzusetzen.

Kein Erwachen ist ohne Praxis möglich und keine Praxis ohne Erwachen. Leben und Sterben sind Ausdruck des Erwachens zur Gegenwart. Deshalb stellt sich ein Buddha nicht außerhalb von Leben und Tod. Ein Buddha ist ein Mensch, der sein Zuhause in *dieser* Welt gefunden hat. Nicht gestern und nicht morgen. Sondern jetzt.

Unbeugsam im Regen

Wenn *du* nicht als Buddha lebst,

wer dann?

Sawaki Kodo

Ich möchte ein Gedicht des japanischen Autors Miyazawa Kenji ans Ende dieses Buches stellen. Kenji starb 1933 an einer Lungenentzündung, gerade einmal siebenunddreißig Jahre alt. Zeit seines Lebens hatte er als Lehrer gearbeitet und sich besonders den in Armut lebenden Bauern gewidmet. Noch an seinem Todestag hatte er einem von ihnen, der nach dem richtigen Dünger fragte, Rede und Antwort gestanden.

Erst nach dem Tod erlangte Kenji durch seine Gedichte und Kindergeschichten große Bekanntheit. Besonders ein Gedicht aus Kenjis Nachlass kennt wohl jeder Japaner, aus der Schule oder aus dem staatlichen Fernsehen, wo es im Kinderprogramm an jedem Wochentag in einem anderen Dialekt vorgetragen wird.

Mit alltäglichen Worten drückt Kenji darin den Wunsch aus, als

Bodhisattva zu leben, der das eigene Glück zugunsten das der anderen zurückstellt:

Unbeugsam im Regen
unbeugsam im Wind
unbeugsam im Schnee und in der Sommerhitze
mit einem gesunden Körper
ohne Begierden
und ohne Zorn
nur ein leises Lächeln auf den Lippen
vier Schalen braunen Reis am Tag
isst er mit Miso und ein wenig Gemüse
beobachtet alles genau
hört gut zu und versteht
indem er von sich selbst absehend
die Dinge stets im Geist behält
er lebt in einer kleinen, schilfgedeckten Hütte
am Rand einer Wiese hinter dem Kiefernwald
ist im Osten ein Kind krank
geht er hin, um es zu pflegen
beugt sich im Westen eine Mutter müde unter ihrer Last
geht er hin, um ihr Reisbündel zu schultern
liegt einer im Süden im Sterben
geht er hin, um ihm die Furcht zu nehmen
geraten sich zwei im Norden in die Haare
geht er hin, um dem Unsinn eine Ende zu machen
in der Trockenheit vergießt er Tränen
irrt hilflos herum, wenn ein Sommer Kälte bringt
von allen wird er ein Trottel genannt
keiner nimmt ihn ernst
und keinem fällt er zur Last
so ein Mensch will ich sein!

Liebe ist so groß wie das Meer, das jeden Tropfen in sich aufnimmt.

Muho

Das Meer weist keinen Fluss zurück

Ein Weg zu Liebe und Gelassenheit

Berlin Verlag, 224 Seiten
€ 18,00 [D], € 18,50 [A]*
ISBN 978-3-8270-1380-4

Wir glauben, alles über die Liebe zu wissen, doch häufig wiederholen wir nur die alten Fehler. Wir sehnen uns nach Nähe, Wärme und Zärtlichkeit, aber dann fehlt uns im Alltag der Gleichmut, uns der Liebe zu überlassen. Was hilft? Wir sollten versuchen, die Liebe als das zu begreifen, was sie ist: als Schatz, den wir erst loslassen müssen, um ihn wirklich zu finden. Indem Abt Muho westliches und östliches Denken vereint, gelingt es ihm, einen möglichen Weg zu mehr Liebe und Gelassenheit aufzuzeigen.

Leseproben, E-Books und mehr unter www.berlinverlag.de